Réussir sa salle de bains

Catherine Levard

savoir & faire

massin

Sommaire

Les clés de la réussite

Aménager une salle de bains répond à un projet global et réfléchi pour que le confort et le décor s'accordent à répondre à nos aspirations au bien-être, dans un volume restreint.

La salle de bains devient, depuis quelque temps, une pièce à vivre dédiée aux plaisirs de l'eau et de la détente. Douche grand confort, baignoire ergonomique, vasques déco, rangements fonctionnels... Comment organiser son espace bain sachant qu'il n'est pas question de pousser les murs ? Comment rendre cette pièce chaleureuse avec des matériaux insensibles à l'épreuve de l'eau ?

La douche et le bain

Les systèmes hydrothérapiques ont sans doute contribué au succès des douches, qui tendent de plus en plus à remplacer les baignoires, lorsque l'exiguïté des lieux, *a priori*, ne permet pas les deux options. Or, il est souvent possible d'envisager ce double équipement en recourant à des solutions gain de place offertes essentiellement par la forme des sanitaires, par leurs dimensions et leur implantation.

En ce qui concerne les receveurs, vous avez le choix entre des carrés, des rectangles et des quarts de cercle, à poser ou à encastrer, sachant qu'une douche peut aussi s'envisager de plain-pied et sur mesure avec un cuvelage. Le

Le plan de toilette dispose de trois vasques encastrées, mais la douche est commune aux usagers de cette salle de bains décorée de pâte de verre. On y accède par une ouverture en forme de quille découpée dans la cloison.
© Photo D. Delmas.

système d'étanchéité, qui doit être irréprochable, peut être réalisé de diverses manières. L'avantage d'une douche de plain-pied est d'offrir une totale liberté de formes et de choix décoratifs ; bois, tadelakt, carrelage contribuent au charme ambiant.

Les plans de toilette

Élément essentiel de la salle de bains, le plan de toilette revêt de multiples aspects et peut adopter toutes les formes. Le bois et le carrelage sont des matériaux prisés, surtout si on les met en œuvre avec originalité.

Bois exotiques, chêne, hêtre se comportent aussi bien que l'ardoise, le verre, la mosaïque, sans oublier le tadelakt. On n'est pas obligé de recourir au standard pour dessiner son plan de toilette et lui offrir une tournure personnalisée.

La douche centrale, habillée de carreaux en marbre vieilli, est cloisonnée par des murets qui structurent le volume de cette salle de bains spacieuse.
© Réalisation M.-L. Volpellière. Photo P. Binet.

Les rangements

Entre des meubles standard et ceux, sur mesure, qui répondent à des besoins précis, les formules sont multiples.

À partir de jambages en carreaux de plâtre ou en bois, la création de rangements ouverts offrant des étagères est une formule gain de place à laquelle s'associent les finitions décoratives qu'il vous appartient d'inventer. Le moindre recoin est à exploiter pour augmenter les capacités d'accueil.

Les revêtements de sol

Au carrelage traditionnel, vous pouvez envisager des solutions alternatives plus chaleureuses et tout aussi faciles à vivre. Les bois exotiques, s'ils sont correctement posés et traités, sèment la douceur de vivre, et leur contact sous les pieds est particulièrement agréable. Avec des galets adoucis, c'est un petit rêve de plage qui s'annonce et le PVC, qui étouffe les sons, est particulièrement simple à entretenir.

Une implantation réfléchie

Prenez le temps de visiter des lieux d'exposition afin de connaître les équipements, d'apprécier leurs styles et leur fonctionnalité. Ces démarches indispensables vous aideront à définir votre projet.

Le style que vous appréciez restera directif, mais l'essentiel est d'évaluer la notion de confort qui vous est personnelle. Une salle de bains peut prendre une belle tournure et vous convenir à tout point de vue dans quelques mètres carrés seulement.

Idéalement, elle se définit comme ayant 3 m de longueur et 2,50 m de largeur environ, avec une hauteur sous plafond standard, et une fenêtre située à 1 mètre du sol. De telles dimensions accueillent une baignoire de 180 cm x 80 cm, une douche indépendante, deux vasques et des rangements.

Un vrai salon de beauté pour cette salle de bains en deux parties. La douche est derrière une cloison transversale qui corrige les proportions de la pièce. Les plans vasques dissociés rendent le lieu plus intime. © Photos C. Erwin.

Négocier avec un volume

Le confort visuel et les commodités d'utilisation sont conditionnés par l'organisation de cet inventaire, ce d'autant plus si W.-C. et bidet s'y ajoutent, ce qui est très souvent le cas. Une baignoire symétrique, avec vidage central, est plus facile à caser qu'un modèle classique asymétrique. Les parois latérales d'une douche et sa porte vitrées préservent le volume, à plus forte raison si le receveur est remplacé par un siphon de sol. Les vasques peuvent être séparées, posées sur deux plans de toilette indépendants qui occupent, par exemple, deux angles de la pièce. En utilisant des mélangeurs muraux, leur largeur peut être diminuée. Si une douche indépendante n'est pas envisageable, prévoyez une baignoire de forme spécifique permettant la double fonction, partiellement cloisonnée par un écran de verre fixe ou articulé. Mobilier, cuvette et bidet seront suspendus pour simplifier l'entretien. Si des modifications permettent de faciliter l'aménagement, lancez-vous. Quitte à perdre de la place… pour en gagner !

Dans une pièce carrée

Utilisez le centre, les pans de mur, les angles et jouez sur les diagonales. Un meuble vasque orienté

vers le cœur de la pièce libère des pans de mur au profit d'un radiateur ou d'un meuble. Il en est de même pour la baignoire placée en épi, que vous pourrez ceinturer d'une plage pour vous asseoir, voire d'une marche d'accès.

Les angles coupés sont plus doux au regard. Ils s'équipent d'un plan vasque ou d'une baignoire de forme « diamant » permettant de disposer d'une plage triangulaire où poser des accessoires. La douche peut également s'installer en épi, séparant baignoire et plan de toilette.

Coins, recoins et parois arrondies interdisant tout équipement standard, la salle de bains a pris corps en optimisant le volume. La douche s'associe à la baignoire maçonnée en tirant parti des décrochés.

© Photo H. Lagarde.

Dans une pièce en longueur

En corrigeant les perspectives, vous supprimerez l'effet couloir pour rendre la salle de bains plus intime. Jeux de niveaux et cloisonnements représentent de bonnes solutions. La douche s'installe volontiers derrière une cloison parallèle à la largeur de la pièce, ce qui en réduit la longueur. Elle peut être maçonnée, donc opaque, et servir de support au radiateur. Selon sa longueur, vous la prolongerez, ou pas, d'une porte vitrée. Si bidet et W.-C. doivent intégrer les lieux, vous pouvez également les isoler par un muret « plein » de 100 cm de hauteur qui n'empiétera ni sur l'éclairement, ni sur le champ visuel.

La douche

Quelles que soient les dimensions d'une salle de bains, l'installation d'une douche est possible.

Entre une cabine prête à poser et une douche sur mesure, choisirez-vous la solution de facilité au détriment d'un décor personnalisé ?

Les cabines prêtes à poser

Les modèles sont légion en formats, esthétique, dimensions, fonctions... et prix. L'accès s'effectue toujours de face, que la cabine soit équipée de deux portes battantes ou d'une porte pivotante. Dans le premier cas, elle dispose de deux parois latérales vitrées permettant de l'adosser à un mur, dans le second cas, une paroi latérale est vitrée, les deux autres sont opaques, ce qui prédestine la cabine à l'installation dans un angle de la salle de bains. De toute évidence, une cabine a des avantages. Son installation se limite au montage sur place, à la fixation murale et aux raccordements. La robinetterie est fournie et intégrée.

En sur mesure

Vous avez toutes possibilités de dimensions, de formats, de décor, d'équipement... On y accède de plain-pied lorsqu'elle s'équipe d'un receveur encastré ou d'un bac en ciment imperméabilisé qui le remplace sans la moindre contrainte de formats. Ce procédé, appelé cuvelage, permet généralement de

Inscrite entre des parois maçonnées et habillées de carreaux en marbre, la douche sur mesure bénéficie d'un receveur préformé carrelé. © Architecte T. Le Guay. Photo A. Duarte.

Placée en épi, elle sépare la baignoire et les plans de toilette dans la pièce longue et étroite. Porte et écran fixe vitrés se complètent d'une paroi en tôle émaillée cintrée qui dissimule un banc en marbre. © Photo G. Defois.

Une esthétique réussie pour ce duo. Le receveur extra plat en acrylique de L 100 cm x p 85 cm s'installe en épi. Les parois fixes en verre de sécurité de 5 mm et H 190 cm s'associent à deux portes courbes qui s'articulent vers l'extérieur ou l'intérieur. « Magic Circle ».

Compte tenu de sa surface importante, la douche sans écran bénéficie au sol d'une étanchéité synthétique. L'évacuation verticale autorise une conception de plain-pied avec un siphon de sol central.

prolonger le revêtement de sol de la salle de bains à l'intérieur de l'espace douche, sans rupture. Le système met en œuvre une succession de produits garantissant l'étanchéité (« Fermasec » de Weber et Broutin ; « Kerdi » de Schlüter systèmes ; « Adekaro » de Siplast...). Des bandes de renfort étanches, placées aux jonctions des parois, s'imposent pour contrer les infiltrations.

Receveur et parois en duo

Plus classique, la douche composée d'un receveur et de parois trouve sa place dans n'importe quelle configuration : dans un angle, en épi, adossée à un mur, lové dans une niche... Outre les formes de receveur qui se diversifient, vous en trouverez à poser, à encastrer, extra-plats ou à bandeau. Il existe aussi des receveurs préformés à carreler (Wedi, Wirquin...). Un à deux pans de mur de la salle de bains serviront à cloisonner partiellement la douche ; vous les compléterez par une paroi vitrée et un système d'accès coulissant ou pivotant, voire par un simple rideau. Les parois exposées aux projections devront être refaites, pour vous permettre de bénéficier d'une étanchéité irréprochable !

Choisir un receveur

Outre les dimensions, le matériau intervient dans la notion de confort d'un receveur, ainsi que sa structure, au relief plus ou moins accentué, sans oublier l'emplacement de la bonde.

En règle générale, la profondeur d'un receveur est proportionnelle à sa capacité d'évacuation. Avec un receveur extra-plat muni d'une bonde de petit diamètre et des jets à haut débit, les ennuis ne tarderont pas...

De toutes les formes

Les plus classiques sont carrés à partir de 70 cm x 70 cm au minimum (c'est très petit). Viennent ensuite les rectangles, de 70 cm x 90 cm à 150 cm x 80 cm et même à 180 cm x 90 cm (Duravit), les quarts de cercle de 80 cm à 90 cm de côté, et des formes particulières, pentagonales, à pan coupé ou autre. Grâce à cette diversité, il est toujours possible d'installer une douche qui servira d'appoint, en complément d'une baignoire (acceptable alors en petites dimensions), ou qui remplace celle-ci (voyez grand !), ou qui s'y ajoute en trouvant un bon compromis entre la taille de ces deux équipements sans sacrifier au confort.

Les matériaux

La céramique pèse lourd, c'est un matériau particulièrement agréable de contact, car il emmagasine la chaleur et ne « crisse » pas. Pour le rendre non glissant, il présente un léger relief qui ne doit pas être agressif ni retenir l'eau, ou intègre dans l'émail un procédé antidérapant imperceptible à l'œil et inaltérable (Villeroy et Boch).

Côté couleurs, évitez les tons soutenus, sur lesquels l'eau calcaire et le savon laissent des traces permanentes. Avec du blanc ou des teintes pastel, l'entretien est facilité.

Les matériaux de synthèse ne sont pas tous de qualité comparable, il est important de ne pas se rabattre expressément sur un modèle à bas prix sous peine de le regretter à l'usage. Leur légèreté est un atout.

Le bois tend à se développer (Wirquin, Woods'Attitude, Westwood...). Il s'agit généralement de teck de haute qualité qui crée des sols de douche esthétiques et agréables de contact. Les receveurs préformés en usine permettent de nombreuses finitions personnalisées (Wirquin, Wedi, etc.).

Encastré dans un socle en polystyrène, le receveur en matériau de synthèse s'entoure de parois en Altuglas permettant de profiter du décor mural en iroko. Les portes « saloon » s'articulent vers l'intérieur. © Photo Ph. Louzon.

Si la place le permet, un receveur de taille maxi accepte l'installation d'une double rampe. Celui-ci, dessiné par Ph. Stark, est en céramique, il mesure 180 cm x 90 cm. © Duravit.

À poser ou à encastrer

Économiques et rapides à installer, les receveurs se posent directement sur le sol si l'évacuation est prévue verticalement à travers le plancher, ou sur un support permettant l'évacuation latérale si l'on respecte une pente d'écoulement. Celui-ci peut être constitué de carreaux de plâtre hydrofuges ou de plots réglables en hauteur pour les receveurs en céramique, ou de polystyrène préformé, voire d'un lit de sable pour les receveurs en matériaux de synthèse.

L'encastrement d'un receveur extra-plat dans le sol est possible si l'évacuation est verticale. Du point de vue esthétique, c'est une formule à privilégier, la condition étant de prévoir une bonde de 90 mm de diamètre au minimum et un tuyau d'évacuation de 50 mm de diamètre.

Réalisé en teck de Birmanie collé sur un support thermoformé, il présente d'excellentes qualités de confort et s'équipe d'un siphon à débit rapide. Dimensions 90 cm x 90 cm en 4 cm d'épaisseur « Star Teck ». © Doc Wirquin.

Une étanchéité sans faille

Un double joint d'étanchéité silicone souple doit être réalisé autour du receveur. Le premier s'effectue à la liaison entre le receveur et les parois brutes. Le second se réalise après la pose du carrelage à sa jonction avec le sanitaire.

L'option grand large

Les dimensions maximales d'un receveur standard ne conditionnent pas nécessairement celles de l'espace douche. Il suffit d'effectuer quelques aménagements pour en augmenter la surface.

Le receveur de 90 cm x 90 cm posé sur un lit de sable est prolongé par une plage carrelée qui agrandit l'espace douche. La paroi fixe est dans la continuité d'une double porte battante. © Photo Y. Robic.

Une douche standard se décline en 80 cm de côté, c'est la dimension la plus courante. Toutefois, si l'on souhaite bénéficier d'un espace plus grand, on peut choisir un receveur de 140 cm x 90 cm (dimensions maximales) et s'en contenter, ou créer une plage dans le prolongement d'un receveur de moindre longueur. D'autres solutions, comme un bac étanche ou un receveur préformé à carreler, offrent davantage de liberté.

Une plage en plus

Construite dans le prolongement du receveur, et au même niveau que celui-ci, elle permet d'intégrer dans l'espace douche une surface carrelée

où poser un siège, et d'utiliser une paroi suffisamment éloignée des projections pour suspendre les draps de bain, à portée de main. L'aménagement est obligatoirement surélevé, on accède à la douche en franchissant une marche. Le receveur repose en périphérie sur des blocs de béton cellulaire ou sur des carreaux de plâtre hydrofuges. Dans la partie centrale, on le cale sur un lit de sable s'il est en acrylique, ou sur des plots s'il est en céramique. Le calage périphérique prolonge le receveur sur la surface de plage souhaitée.

Au fond de la zone délimitée, on dépose un panneau de polystyrène que l'on recouvre d'un lit de mortier à maçonner additionné d'un produit

Installée en îlot, la douche est conçue avec des pavés de verre choisis en deux formats. Ils reposent sur une semelle en béton revêtue de carrelage. A l'intérieur, un système d'étanchéité est obligatoirement réalisé sous le carrelage. © Architecte F. Passaniti. Photo Y. Robic.

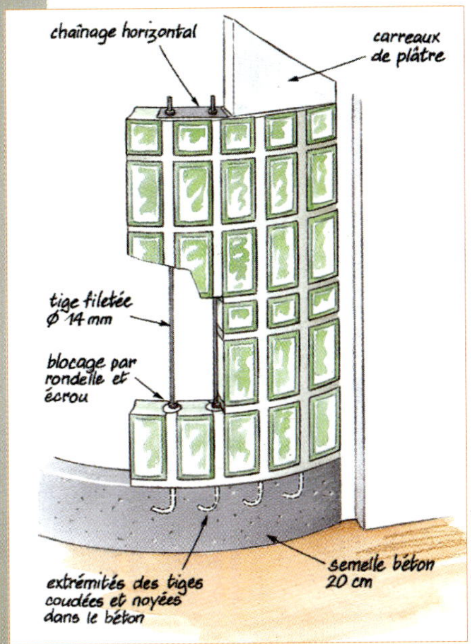

© Dessin D. Lechaud.

par la lumière et ne demandent aucune finition extérieure ni intérieure. Les briques se montent sur une semelle en béton, des tiges filetées, noyées dans celle-ci, remontent jusqu'en haut de l'ouvrage à travers les joints. Le poids de l'ensemble étant élevé, tous les planchers ne peuvent le supporter ; le conseil d'un architecte est nécessaire pour éviter les catastrophes !

Les cloisons préformées

Fabriquées en mousse de polystyrène extrudée, habillée d'un mortier spécial et armée d'un tissu de verre (type Wedi), les cloisons courbes étanches à l'eau, imputrescibles, légères et prêtes à carreler ont tous les avantages. Elles s'assemblent au moyen de clavettes et par collage (« kit cloison Émotion » chez Lapeyre). Pour faciliter l'installation de la douche, on adjoint un receveur prêt à carreler, de 100 cm de diamètre, réalisé dans le même matériau. Celui-ci étant étanche, il est inutile de prévoir une étanchéité sous le carrelage.

Les cloisons préformées assemblées par collage et clavettes forment une paroi ronde autour du receveur extra-plat encastré dans le sol. L'ensemble n'engendre aucune surcharge de poids. © Doc Wedi.

Des parois étanches

Si l'on utilise les murs de la salle de bains pour implanter l'espace douche, ceux-ci font obligatoirement l'objet d'un traitement visant à les rendre étanches.

Le cas le plus fréquent consiste à installer la douche dans un angle de la salle de bains. Les deux parois qui seront soumises aux projections doivent être refaites, pour garantir une étanchéité infaillible face aux projections d'eau. Plusieurs systèmes sont possibles.

Les plaques de plâtre hydrofuges

D'une épaisseur de 13 mm, les plaques de plâtre hydrofuges offrent un support parfaitement plan qui facilite la pose du carrelage. Elles permettent de rétablir les déformations éventuelles du mur après dépose de l'ancien carrelage et l'encastrement des arrivées d'eau, qui seront raccordées à un mitigeur thermostatique. Avant de coller les plaques, il est impératif de mettre le receveur en place pour qu'elles reposent dessus au lieu de passer derrière. Lorsque les saignées sont bouchées, la plaque est découpée pour pouvoir être traversée par la partie saillante des canalisations, sur lesquelles on montera la robinetterie.

Les plaques de plâtre hydrofuges se fixent par collage avec une colle qui se répartit en plots dont l'épaisseur permet de caler l'aplomb. Dans l'angle formé par deux plaques, le joint doit être comblé d'un produit d'étanchéité (Fermasec de Weber et Broutin) dans lequel on maroufle une bande d'étanchéité (BE 14) qui déborde de chaque côté de l'angle. On repasse du Fermaflex, à cheval sur les lisières des bandes et les plaques de plâtre hydrofuges.

Les plaques Wedi

Ces panneaux imputrescibles livrés en H 2,50 m x larg 0,60 m et 10 mm d'épaisseur (Wedi BA 10) se recoupent aisément à dimensions si nécessaire. Comme ils se collent en plein, on peut les utiliser en doublage de parois planes et régulières avec un mortier-colle étalé au peigne (Cermiplus de Desvres).

Ce doublage évite les phénomènes de condensation et les risques d'infiltration. La colle utilisée pour les fixer sert aussi à réaliser tous les assemblages du chantier : fixation du receveur préformé de même nature et mise en œuvre des bandes d'étanchéité. S'il est nécessaire de créer une troisième paroi, pour cloisonner la douche, on utilise les panneaux de construction Wedi BA 50 en 50 mm d'épaisseur qui se raccordent entre eux à l'aide de connecteurs (Wedisteck BA).

À l'intérieur de la douche, tous les raccords doivent être traités avec une bande d'étanchéité (Wedi) qui se colle avec un mortier-colle sur les jonctions entre les panneaux de doublage et ceux de construction. À l'extérieur, les raccords se renforcent avec une bande d'armature noyée dans du mortier-colle. Le receveur préformé se pose dans les mêmes conditions.

Un système en finesse

Le procédé Fermasec (Weber et Broutin) est un système qui regroupe différents produits complémentaires parfaitement adaptés à cette situation. Après avoir été nettoyées

1

Les plaques de plâtre hydrofuges conviennent aux parois irrégulières, dont elles rétablissent la planéité en jouant sur l'épaisseur des plots de colle.

2

Les parois régulières se doublent de panneaux Wedi collés en plein. Dans ce cas, le receveur préformé (Wedi) se pose après.

et dépoussiérées, toutes les parois à carreler sont traitées avec un primaire (Ibotac), qui régularise la porosité et améliore l'accroche du produit d'étanchéité. L'application s'effectue en une couche à l'aide d'un rouleau laine, d'une brosse ou d'un pulvérisateur.

La durée de séchage permettant le recouvrement avec le Fermasec varie de 1 à 4 heures selon la température ambiante. Il s'agit d'un produit pâteux qui s'étale grassement en deux couches croisées, de manière à obtenir un film étanche et sec d'environ 1 mm d'épaisseur sur lequel on colle le carrelage. On procède de même pour le cuvelage.

Doublée de panneaux Wedi et disposant d'un receveur préformé, la douche, parfaitement étanche, est revêtue de carreaux en pâte de verre.
Pour bénéficier de lumière, une cloison est montée en pavés de verre.

© Architecte Ph. Dard. Photo Ph. Louzon.

À l'intérieur de la douche, les joints se traitent avec une bande d'étanchéité collée au mortier-colle pour carrelage déposé grassement sur le raccord.

Pour le positionner au même niveau que la dalle du sol, on colle ici le receveur sur une chape de béton allégée coulée dans la réservation.

Les bandes d'armature étanches sont collées sur tous les raccords avant la pose du carrelage, dont les joints suivent les quatre rigoles d'écoulement.

Reportage : © Photos Y. Robic.

Les dimensions de la douche permettent d'installer une porte pivotante vers l'intérieur qui libère complètement l'espace dans la salle de bains. © Conception B. Bensignor, L et B Atelier d'architecture. Photo C. Larit.

Les écrans de verre

Tous les receveurs standard peuvent s'équiper de parois standard, en verre de sécurité ou synthétique, transparent, sérigraphié, opaque... Elles déclinent différents modes d'ouverture.

La solution du « tout en un » ou du « receveur et parois en duo » évite de s'égarer dans des recherches consistant à choisir un receveur d'un côté et des parois de l'autre. Les fabricants proposent ces solutions jumelées avec un éventail de choix dans les systèmes d'ouverture.

Le choix de l'ouverture

Le système d'ouverture tient compte de la place disponible dans la salle de bains. Le débattement d'une porte pivotante vers l'extérieur de la douche représente la formule la plus encombrante, à moins de l'articuler sur pivots décalés. Deux portes réduisent l'encombrement, tandis que des vantaux coulissants le suppriment complètement. Reste ensuite le mode d'accès, qui est déterminé par l'implantation de la douche.

De face, on peut ouvrir une ou deux portes battantes vers l'intérieur ou l'extérieur, ou l'une vers l'intérieur et l'autre vers l'extérieur (portes saloon), ou faire coulisser deux vantaux superposés, ou encore pousser vers l'intérieur des vantaux pliants. En angle, on ouvre deux portes galbées, ou bien on fait coulisser deux portes... Tout est possible.

Décliné en différentes versions et dimensions, le concept « espace douche » associe parois vitrées et porte pivotante, arrondies ou droites. D'une ligne épurée, ces écrans en verre de sécurité de 6 mm s'associent aux receveurs extra-plats de la ligne Toledo. © Doc Spring.

Les finitions

Les écrans fixes et les systèmes d'accès méritent d'être étudiés de près, car c'est dans les détails que se jouent les différences et la valeur esthétique. La qualité du verre est synonyme de sécurité. Robustesse et rigidité sont garanties à partir de 5 mm d'épaisseur. Un verre transparent préserve le volume visuel de la salle de bains. On le choisit sérigraphié, pour créer un décor et l'imposer au regard au détriment de la perspective, ou opaque teinté ou granité, pour préserver l'intimité. Le verre peut bénéficier d'un traitement en usine qui consiste à déposer une couche de protection lisse hydrofuge et résistante qui, en facilitant le glissement de l'eau, réduit les dépôts de calcaire et de tartre. La section des profilés intervient dans les choix : plus ils sont fins, plus ils sont élégants ; en couleur, ils peuvent être assortis à celle du receveur. Enfin, la fermeture par joints magnétiques garantit une parfaite étanchéité.

La nouvelle collection 3D réunit parois fixes et porte simple ou double, déclinée en quatre systèmes d'ouverture. L'ensemble s'adapte sur des receveurs pentagonaux, carrés ou quart de cercle jusqu'à 100 cm de largeur.
© Doc Duscholux.

En sur mesure

Pour les douches en grande largeur, paroi fixe et porte se fabriquent sur mesure jusqu'à 2,30 m dans un même cadre de profilé, et jusqu'à 4,10 m par un montage en linéaire d'une porte et de deux parois. Les coupes en biais sont également possibles pour installer une douche sous les combles.

Monter un écran sans profilé

Pour cloisonner l'espace douche, cet écran réalisé en deux parties est presque invisible. Il fait l'objet d'une installation sans faille.

Dépourvu de profilé, l'écran de douche en verre trempé de 8 mm d'épaisseur, à chants polis, ménage une transparence intégrale qui préserve le volume de la salle de bains.

Le siphon de sol s'encastre dans un receveur préformé et carrelé qui, prolongé par une plaque de même nature et carrelée, offre un sol continu au même niveau que celui du reste de la pièce.

Du sur mesure en deux temps

La partie haute de la paroi épouse la pente du toit et s'ajuste sur l'extrémité du plan vasque. Le bord supérieur est maintenu dans un profilé aluminium très discret en forme de U, de 12 mm de largeur intérieure et muni de cales en caoutchouc adhésives (type EPDM « Kiso » de Tramico).

La longueur de la douche dispense d'installer une porte. Seul un écran fixe en verre trempé protège des projections.

© Photo A. Duarte.

1 Sur une règle ajustée dans l'alignement du jambage, on fixe un niveau pour contrôler la verticalité et tracer l'emplacement du profilé.

2 Du repère jusqu'au nu du miroir, on trace un trait droit le long d'une règle. Il matérialise la trajectoire du pan coupé du vitrage.

3 Le petit profilé en U se fixe dans la plaque de plâtre hydrofuge avec des vis et des chevilles qui lui sont adaptées (Molly).

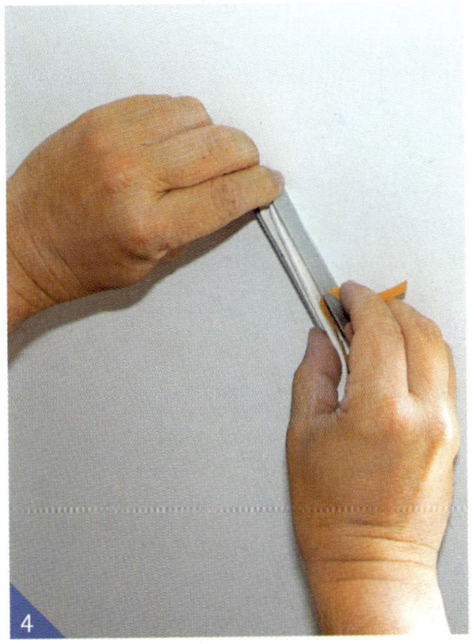

4 Sur les côtés intérieurs du profilé, on colle des cales adhésives de 2 mm d'épaisseur pour stabiliser et protéger le verre.

Qu'est-ce que le verre trempé ?

Une fois le vitrage fabriqué et découpé à dimensions, il est chauffé puis mis à refroidir rapidement. Ce traitement augmente la résistance aux chocs, à la flexion, à la chaleur et au froid. Lorsqu'un verre trempé se brise, il se décompose en petits fragments qui ne présentent pas de danger de coupures graves.

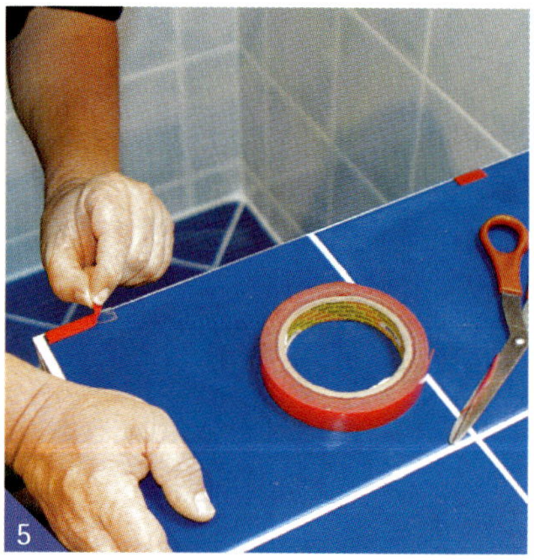

5 Au bord du plan de toilette, on répartit les cales adhésives double face. La pellicule qui protège l'adhésif est décollée ensuite.

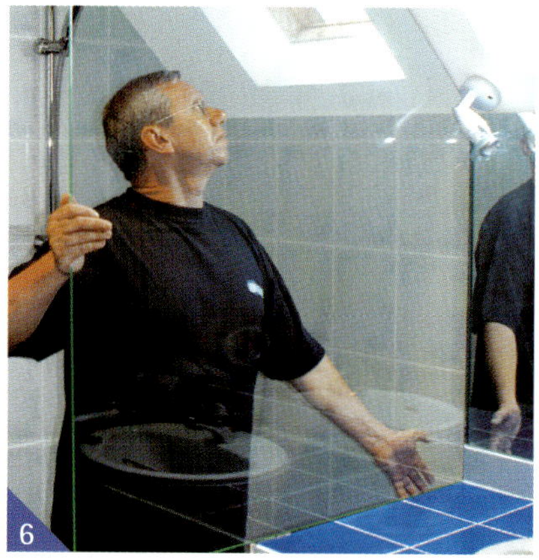

6 Introduite dans le U, la paroi vitrée repose sur les cales adhésives et s'ajuste à quelques millimètres du miroir et du rampant.

7 On bloque une règle contre la paroi haute en interposant un papier. La paroi du bas s'appuie contre elle et repose sur des cales en liège.

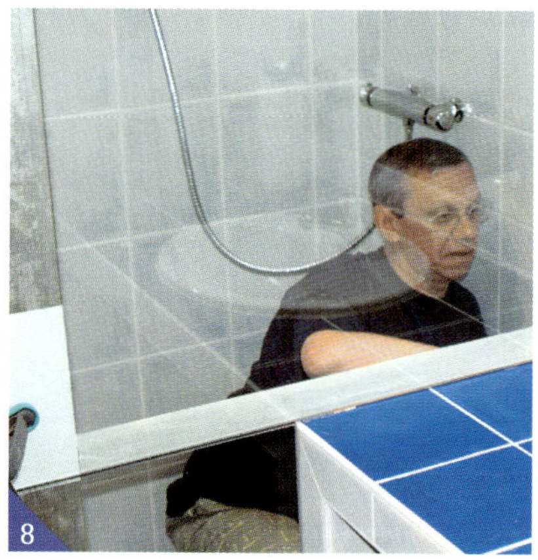

8 Le ruban de masquage se colle avec précision des deux côtés du joint, pour protéger le verre des éventuels reflux de mastic.

9 Pour remplir le joint, on procède de chaque côté de l'écran. Le mastic translucide est déposé en cordon continu et régulier.

10 Sans attendre, on décolle le ruban de masquage. Le séchage complet du joint intervient 8 heures après le remplissage.

Le bord inférieur repose sur trois petites bandes adhésives double-face transparentes de 1 mm d'épaisseur (VHB 4910 de 3M ou adhésif « Ruban Transfert » de Adler). D'une grande résistance, ces bandes font calage et collage en même temps.

La partie basse du vitrage vient buter contre le jambage du plan de toilette et s'ajuste sous le débord de la partie supérieure.

Des joints invisibles

Entre les verres, à la liaison des parois et du sol, les joints sont réalisés avec un mastic-colle translucide extrudable qui durcit au contact de l'air. Il forme des raccords souples et résistants (« Verre Véranda Aquarium » de Bostik).

Le remplissage des vides s'effectue des deux côtés en continu. Le produit est aussitôt lissé au doigt mouillé ou avec un morceau de pomme de terre. Avant de le mettre en œuvre, du ruban de masquage doit être collé de part et d'autre du joint pour éviter les bavures sur les matériaux.

En forme de labyrinthe, cette douche d'angle dispose d'un accès sans porte. Les parois s'associent à d'élégantes colonnes de ton argenté mat soulignées de profilés de décor platine argent. Le receveur (159 cm x 108 cm) se décline en quatre couleurs. « Life Evolution ».

Les décors de sol

L'avantage d'un receveur préformé ou d'un bac étanche est d'offrir toute liberté de finition de surface.

Outre des dimensions sur mesure, la douche peut s'agrémenter d'un décor personnalisé qui s'accorde parfaitement à l'ambiance de la salle de bains.

Le marmorino

Cet enduit à la chaux qui intègre de la poudre de marbre peut être mis en œuvre sur un sol de douche et sur les murs, mais sa texture extra-lisse le rend glissant. Le fond idéal est un mortier bâtard (chaux + ciment) appliqué sur un fond maçonné en 1 à 1,5 cm d'épaisseur.

L'intérieur de la douche est réalisé avec un enduit décoratif pour milieux humides (« Artebain » d'Arc Atrium). Le traitement des parois et l'étanchéité des raccords s'effectuent avant les finitions du receveur (Wedi), revêtu d'une chape de mortier bâtard hydrofuge de 4 mm.

© Réalisation Nathalie Géhot, Les Ateliers de Seine-Port. Photo A. Duarte.

En recouvrement, une sous-couche à base de silice est nécessaire pour favoriser l'accroche d'un enduit blanc (Marbrex R ou Minéral 000) déposé au platoir en 2 à 3 mm d'épaisseur.

À mi-séchage, il est lissé avec une taloche éponge puis recouvert, après séchage, d'un enduit teinté (Marbrex L) en deux couches *al fresco*. Pour supprimer toute porosité, l'enduit est traité avec un produit hydrofuge (Hydrorep) et protégé par une cire au carnauba passée en deux couches (Les Trois Matons).

Le ciment teinté

Sur une forme maçonnée, une finition au ciment teinté, façon stucco, s'effectue en cinq couches successives spatulées. Le mélange, qui se compose de ciment gris, de pigments, de résine (latex) et de poudre de marbre, fait l'objet de dosages précis et différents à chaque couche.

De la première à la dernière, la proportion de résine augmente par rapport à celle du ciment, la dernière couche n'étant plus constituée que de ciment gris, de pigment et de latex surdosé, sans poudre de marbre. Un produit hydrofuge-oléofuge protège la surface qui reçoit enfin une couche à la cire ionisée. On obtient le nuançage des couleurs en variant le dosage des pigments d'une couche à l'autre.

Revêtu d'un ciment teinté réalisé sur une chape hydrofuge, le sol de douche est assorti au décor mural qui confère à l'ensemble un style ethnique.

© Photo A. Duarte.

Réalisé sur un système étanche (Schlüter System), le sol en teck de Birmanie est constitué de lames collées et jointoyées façon « pont de bateau ». Sous l'habillage mural également en teck, les parois bénéficient du même traitement étanche.

© Réalisation Général Marine. Photo Y. Robic.

Le bois

Le bois exotique (teck de Birmanie) peut également former le sol de la douche. Toutefois, sa mise en œuvre est complexe et doit être irréprochable car c'est un matériau souple et « vivant » qui expose à des risques d'infiltrations. Le cuvelage au plomb lui convient parfaitement mais c'est une technique interdite. On peut la remplacer par un receveur en ciment recouvert d'une natte en polyéthylène souple qui remonte en plinthes. Les parois de la douche bénéficieront du même recouvrement, la natte devant superposer les remontées à la base des parois (Schlüter System). Sur cette étanchéité, les lames de teck peuvent être collées en plein avec une colle polyuréthane et bénéficier de joints de type pont de bateau (Sika).

Pour éviter cette mise en œuvre lourde, il est possible d'encastrer, dans une réservation plane et étanche, un receveur préformé revêtu de teck collé en usine (Wirquin), ou d'encastrer un panneau décoratif plan (Schower Design de Lazer) dans un cadre suspendu et scellé dans une réservation en pente revêtue d'une feuille de PVC (Isotanche de Lazer).

Les galets

Présentés sous forme de dalles (30 cm x 30 cm ou 40 cm x 40 cm), les galets offrent une surface antidérapante aussi belle à l'œil qu'agréable aux pieds et existent en différents coloris. Les modules se collent avec une colle résistante à l'eau déposée en couche épaisse sur une chape de ciment hydrofuge revêtue d'un système d'étanchéité, ou sur un receveur préformé.

Un sol en galets

Harmonie de pierres naturelles, galbe des galets polis, ce décor de sol est aussi simple à réaliser que la pose d'un carrelage.

Fabriqués en Indonésie, les modules se composent de galets (marbre, granit, schiste ou calcaire) calibrés par épaisseur, puis triés par couleur avant d'être collés sur une trame en vinyle (Island Stone). Elles sont proposées en format carré, ou de forme emboîtable, ce qui permet de rendre les joints parfaitement invisibles. La gamme comprend un choix de six couleurs en deux dimensions de dalles, 30 cm x 30 cm en 11 ou en 14 mm d'épaisseur et 40 cm x 40 cm en 17 ou en 20 mm d'épaisseur.

Sur un sol étanche

Le revêtement ne saurait assurer à lui seul l'étanchéité de la douche. Il se pose sur une chape de ciment hydrofuge revêtue d'un système d'étanchéité complémentaire avec un siphon encastré, ou sur un receveur préformé prêt à carreler. Comme elles sont utilisées dans un lieu humide, les dalles de galets doivent être scellées avec des produits hautement résistants à

Le receveur préformé et les plaques de prolongation permettant de couvrir toute la surface du sol sont revêtus d'une chape fine et étanche. Les liaisons murs/sol sont traitées avec des bandes d'étanchéité.

Sur la colle étalée en couche très épaisse avec un peigne cranté de 12 mm, on pose les modules les uns à côté des autres, en commençant par le fond de la douche. Les raccords sont à peine visibles.

En périphérie, des galets prélevés sur un module permettent de combler les vides. Ils s'ajustent avec précision en respectant un écartement bien régulier entre eux.

Il est important de décaler les joints entre les rangées. Après séchage complet de la colle, le sol est traité avec une première couche de vernis pour empêcher le mortier à joints d'y adhérer.

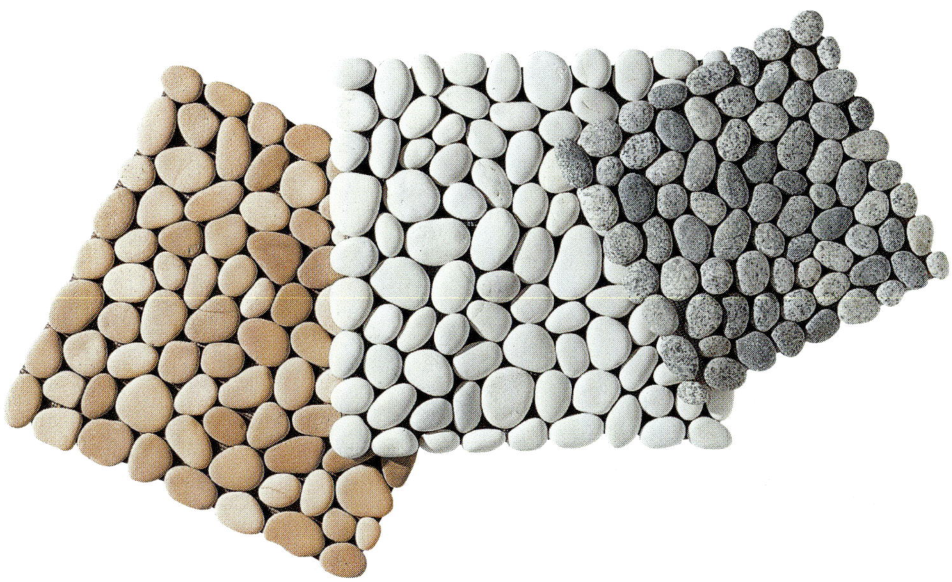

Collés sur une chape en ciment hydrofuge, les galets offrent un décor original, non agressif de contact.

© Photo O. Hallot.

5

La base des parois est protégée par du ruban adhésif. Le mortier à joints se gâche dans une auge puis, au moyen d'une spatule, il s'étale abondamment sur le sol jusqu'à remplir les creux.

6

L'excédent de mortier s'élimine sommairement avec une éponge dure qui sert en même temps à l'égaliser. On passe l'éponge à plat, en faisant de grands mouvements circulaires.

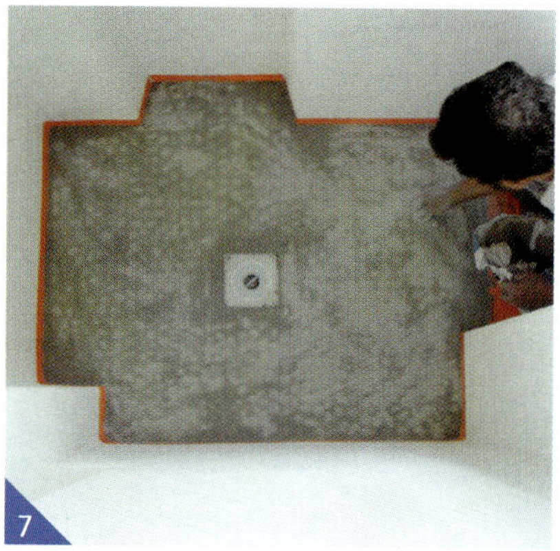

7

Dès que le mortier frais commence sa prise, on saupoudre du mortier sec sur toute la surface et de manière régulière pour durcir davantage le dessus des joints.

8

Les galets sont ensuite nettoyés avec une éponge propre et humide très souvent rincée pour éliminer le maximum de dépôts. Selon l'effet final recherché, on creuse plus ou moins les joints.

9

Après plusieurs jours de séchage, le sol est protégé par une application de vernis étalé au spalter en deux couches. Il protège la surface des salissures et rend le revêtement parfaitement étanche.

Douceur sous les pieds

Comme ils sont naturellement polis par la mer et sans aucune arête vive, ces petits galets créent des revêtements de sol confortables sous les pieds.

Bien qu'ils soient lisses, vous ne glisserez pas dessus car le sol présente toujours une surface irrégulière.

l'eau (« Granirapid » de MAPEI, « Fermagrès plus » de Weber et Broutin...). Les découpes de la trame support s'effectuent avec des ciseaux. Si les bords présentent des vides importants, on peut prélever des galets sur une chute et les recouper avec des tenailles pour les ajuster à dimensions.

Sous une finition résistante

L'espace entre les galets étant relativement large (jusqu'à 15 mm), il convient d'utiliser un mortier de jointoiement à gros grain de type Keracolor de MAPEI. Dilué pour former une pâte souple dans laquelle on ajoute une résine (latex), le mortier s'applique avec une spatule en caoutchouc jusqu'à remplir les creux. On retire l'excédent dès qu'il commence à durcir, en creusant légèrement les joints, pour valoriser le galbe des galets. Ce nettoyage est simplifié si, avant de réaliser les joints, on applique un vernis sur la surface du sol pour empêcher l'adhérence du mortier (« Keraseal » de MAPEI). Dernière étape : la protection de surface avec le même vernis que l'on passe en deux couches, pour simplifier l'entretien.

On accède de plain-pied dans cette douche décorée de galets aux tons nuancés, collés sur une chape étanche.

Les plans de toilette

De multiples matériaux permettent de créer un plan de toilette personnalisé sur mesure. Il doit être facile à vivre et s'offrir en spectacle.

Les versions standard déclinent des matériaux dont les principaux restent le stratifié, le hêtre lamellé-collé et les matériaux de synthèse. En petites dimensions, on les trouve aussi en ardoise et en verre.

La mosaïque de cassons enrichie de motifs est valorisée par des joints en couleur. Tous les murs sont traités dans le même esprit. © Réalisation Ebony. Photo C. Erwin.

La fonctionnalité prime

Selon la place dont on dispose dans la salle de bains, la profondeur d'un plan de toilette peut varier entre 48 et 60 cm, dimension également conditionnée par le choix de la vasque, à encastrer ou à poser. Selon la formule choisie, la hauteur ne sera pas la même, soit environ 85 cm du sol pour la vasque encastrée et 70 cm pour la vasque posée.

Les plans carrelés

Le carrelage se pose sur un support hydrofuge de type CTB H. La colle doit pouvoir supporter l'humidité et les joints seront renforcés d'un hydrofuge. Une mosaïque en cassons (morceaux de carrelage irréguliers) dévoile un certain charme. Elle est facile à réaliser avec des restes de carreaux d'une ou de plusieurs couleurs, de même épaisseur.

Du marbre vieilli recouvre le plan de toilette, qui s'orne d'une retombée bicolore. Les carreaux sont collés sur du béton. © Réalisation Alpes Carrelage. Photo D. Faure.

Le granito dans lequel est fabriqué ce plan intègre un mélange de ciment blanc, de granulats de marbre, de pâte de verre et de nacre. L'ensemble est malaxé avec des plastifiants qui l'imperméabilisent. © Réalisation Société Granito. Architecte G. Percal. Photo A. Duarte.

En béton, pour se rapprocher au mieux du décor mural, ce plan est coulé sur place et protégé par un hydrofuge.
© Conception D. Lindemann. Photo DR.

Le bois

Bien qu'imputrescible, le bois exotique doit être traité. Une finition huilée convient au teck et au bankiraï, mais elle est contraignante car il faut renouveler régulièrement le traitement une à deux fois par an. Tous les autres bois, y compris l'iroko, se protègent avec un vernis.

L'ardoise

Ce matériau noble trouve une belle complicité dans les ambiances contemporaines. Un plan en ardoise de 120 cm x 60 cm peut être mis en œuvre seul ou associé à un autre plan si on souhaite l'agrandir. Dans ce cas, on réalise des joints qui n'altèrent pas l'esthétique de l'ensemble. Il est également judicieux d'ajouter des retombées, de face et sur les côtés.

Le tadelakt

Réalisé de manière traditionnelle avec une chaux de Marrakech, le tadelakt dépose sur les surfaces traitées une douceur incomparable au toucher. Taloché sur un crépi de chaux et poli au galet, il est traité au savon noir.

Du teck massif pour ce plan de toilette dans lequel la baignoire est encastrée à côté du bol en céramique surélevé par un cube qui permet d'atteindre la hauteur nécessaire au confort d'utilisation.

Le bois

Chaleureux, le bois fait une entrée remarquée dans la salle de bains. En plan de toilette, il s'autorise des formes particulières dans des essences nobles.

Prisé pour son élégance au toucher et pour ses tons chaleureux, le bois est un matériau qui convient aux salles de bains cajolées, car il est délicat à entretenir.

Les bois exotiques

Le teck de haute qualité (provenant essentiellement de Birmanie) crée des plans de toilette élégants qu'il convient d'entretenir régulièrement avec de l'huile ou un saturateur, et rien d'autre. Le vernis n'y adhère pas. Le traitement doit être renouvelé deux fois dans l'année pour garantir une protection efficace contre les taches. L'huile s'étale au spalter, puis le support doit être immédiatement essuyé au chiffon pour éliminer le surplus et obtenir un aspect homogène. L'iroko peut être verni.

Vous trouverez dans le commerce des plans de toilette en teck prêts à poser (lattes assemblées par des joints de polyuréthane noir, contrecollées sur un support hydrofuge), ou des kits comprenant, en plus, tous les éléments préfabriqués permettant de monter un meuble de toilette (gamme Top Line de Westwood). Toutefois, fabriquer soi-même un plan de toilette en teck (à joints pont de bateau) est plus économique.

Le hêtre

Il s'agit d'un bois à structure fermée qui résiste bien à l'eau. Une protection huilée lui convient, si elle est régulièrement renouvelée, pour obtenir une finition qui ne dénature pas son aspect. Le vernis est de toute évidence plus facile à entretenir, bien qu'il soit sensible aux rayures. Un bois verni peut être satiné ou brillant.

La structure en hêtre verni se compose d'un plateau massif de 4 mm d'épaisseur soutenu par des jambages. Des alèses rapportées augmentent visuellement les épaisseurs. Chambres d'hôte La Vigerie. © Photo A. Duarte.

Le hêtre lamellé-collé se trouve couramment, il est souvent proposé pour réaliser les plans de travail en cuisine jusqu'à 300 cm x 65 cm en 28 mm d'épaisseur.

Les bois plaqués

L'aggloméré hydrofuge plaqué d'une feuille d'essence noble comme le chêne peut également compléter les choix. Il existe des plans prêts à poser, en 4 cm d'épaisseur et 150 cm de longueur (Lapeyre) ; des fabrications sur mesure sont possibles. Un traitement de surface s'impose, verni ou huilé.

Une ligne épurée pour ce plan de toilette réalisé avec un panneau en teck prêt à poser. Les lames en bois massif sont jointoyées en usine. © Westwood.

L'ardoise

Matériau de caractère, l'ardoise se présente sous divers aspects de surface. Qu'elle soit verte ou grise, elle se décline en grands ou en petits carreaux et en plaques de grand format.

Elle crée des plans de toilette élégants auxquels on peut associer une vasque taillée dans la masse (Alta Maréa chez B'Bath), un receveur prêt à poser (Bleu Ardoise) ou à habiller (Wirquin).

Les plans en ardoise se fabriquent sur mesure, en 2, 3 ou 4 cm d'épaisseur, jusqu'à 140 cm de longueur et 65 cm de largeur (HMT, La Maison du Granite...) et sont livrés prêts à recevoir la vasque.

Vous en trouverez également en format standard (Décotec) ou sous forme de plaquettes de 20 cm x 10 cm en 10 mm d'épaisseur, à poser sur un support rigide avec des colles flexibles (Caroflex).

Le plateau en ardoise brésilienne adoucie (La Maison du Granite) est élégamment mis en valeur sur un piétement en bois.

L'ardoise verte adoucie présentée sous forme de carreaux de 30 cm x 60 cm habille le plan de toilette agrémenté de retombées, et le tablier de baignoire. © Réalisation Sharma. Photo A. Duarte.

De couleur anthracite ou verte, l'ardoise offre une surface adoucie (presque lisse) ou clivée (plus structurée).

Un entretien soigné

Bien qu'en principe l'ardoise ne soit pas poreuse (d'où son utilisation en toiture), un plan de toilette doit être traité avec un produit hydrofuge et oléofuge pour que ni l'eau ni le savon n'y laissent de trace. C'est une mesure de précaution. Si un tel accident se produit, il convient d'utiliser un décrassant neutre spécialement adapté à la pierre naturelle, et non un détergent classique qui risquerait de l'effeuiller et de l'attaquer en profondeur.

En 4 cm d'épaisseur, le plan de toilette clivé repose sur un meuble en cèdre. La finition arrondie des chants adoucit son caractère brut. © Architecte A. Humeau. Photo Ph. Louzon.

Comment la poser

À partir de 2 cm d'épaisseur, un plan de toilette en ardoise est porteur. Il est donc possible de le poser sur des consoles sans le mettre en péril. Toutefois, il s'adapte aussi sur des meubles dont il constitue le plateau, sans support intermédiaire.

Le tadelakt

Ce revêtement traditionnel résiste à l'eau et à la vapeur. Pour ces raisons, il est couramment mis en œuvre dans les hammams marocains et crée des décors somptueux.

Composé de chaux et de charges fines, le tadelakt est un enduit refermé à l'aide d'une lisseuse ou d'un galet et imperméabilisé avec de l'eau savonneuse. Il se met en œuvre en deux temps sur un support humide. Plus les agrégats sont fins, plus l'enduit est dur et susceptible d'être poli, offrant une brillance incomparable. Il épouse toutes les formes. Le tadelakt exige une préparation des supports.

Plan et vasque associés

Il est courant que le plan de toilette maçonné comporte une forme en creux faisant office de vasque, de sorte que le tadelakt de recouvrement habille le support intégralement, sans aucun joint d'étanchéité. Cette fabrication s'effectue au sol, dans les limites d'un coffrage au fond duquel on étend un polyane. À l'emplacement de la vasque, un tas de sable mouillé en prend la forme et se recouvre d'un polyane avant de couler un béton allégé et ferraillé. Après séchage, le plan vasque se met en place sur des jambages maçonnés.

L'application du tadelakt

La maçonnerie reçoit un enduit de chaux composé de 1 volume de chaux aérienne, de 2 volumes de sable fin tamisé et de 1 verre de liant acrylique (pour 25 litres de mélange) taloché en couche fine.

Le tadelakt se prépare au moment de l'emploi, en mélangeant à sec 1 volume de chaux, 1 volume de poudre de marbre et 20 % de pigments. On ajoute de l'eau jusqu'à obtenir une pâte ayant une consistance que l'on pourrait comparer à une pâte à tartiner au chocolat sortant du réfrigérateur... Elle s'étale finement à la lisseuse sur le support mouillé.

Le tadelakt recouvre un plan de toilette maçonné et enrobe la vasque pour former un ensemble sans raccord. Les murs bénéficient du même décor. © Réalisation S. Delahousse. Photo Y. Robic.

Dans la foulée, on charge à nouveau en 3 à 4 mm d'épaisseur avec un platoir. Dès qu'au toucher l'enduit ne marque plus au doigt et présente des petites craquelures, on le serre avec un bout de plastique poli semi-rigide (type corne de cuisinier).

Lorsque l'enduit est bien dur mais pas encore sec, on le polit avec un galet par petites surfaces que l'on mouille d'eau savonneuse (1 noisette de savon noir pour 1 verre d'eau).

Un travail au jugé

Toute la difficulté réside dans l'enchaînement des étapes, au bon moment. Les expériences renouvelées permettent d'apprécier de vue et au toucher si l'enduit posé est prêt ou non à être chargé, s'il est temps de le serrer au plastique ou s'il est trop tard, s'il est assez dur pour être poli ou non... Des stages de formation sont à cet égard très précieux (Les Ateliers de Vérone...).

Maçonnés selon un profil bien défini, la baignoire et le plan vasque sont revêtus d'un tadelakt blanc cassé évoquant la pierre. © Réalisation S. Delahousse. Photo Y. Robic.

Pour un décor à l'unisson et tout en nuance, le tadelakt couleur havane habille les murs, le plan vasque et le tablier de baignoire. Il est taloché sur un crépi de chaux. © Réalisation O. Billon. Photo A. Duarte.

Une mosaïque en cassons

Les carreaux bleus restants d'un ouvrage antérieur ont créé l'occasion d'un décor unique. Brisés à coups de marteau et collés, ils forment une mosaïque inscrite dans un panneau en chêne.

Réalisé sur mesure, le meuble de toilette se compose de quatre jambages en carreaux de plâtre hydrofuges de 5 cm d'épaisseur. Espacés de 58 cm au centre et de 35 cm de part et d'autre, ils permettent de disposer de tablettes en chêne qui reposent sur des taquets. Le chant des jambages est garni d'une alèse en chêne collée.

La structure du plan de toilette

Le plan est conçu en trois parties. Un panneau en aggloméré CTB-H de 19 mm d'épaisseur est solidarisé aux carreaux de plâtre par des tasseaux de liaison vissés. La partie centrale est découpée selon le gabarit de la vasque fournie. Le profil arrondi du sanitaire est ensuite reporté sur deux panneaux en chêne de 12 mm d'épaisseur. Après découpes sur les tracés, les panneaux sont vissés sur l'aggloméré. On crée ainsi un écart de niveau entre le fond et le

Facile à réaliser, ce meuble de toilette décoré du revêtement décoratif teinté dans la masse « Murs d'Autrefois » (Les Murs se Créent) s'agrémente d'un plateau original et économique.

Tracer l'emplacement des carreaux de plâtre au mur et sur le sol. Ils doivent être légèrement encastrés dans la paroi d'adossement. Ils se collent avec une colle à carreaux de plâtre.

L'envers des alèses doit être lardé de clous à demi enfoncés. Appliquer la colle en épaisseur sur le chant des carreaux qui forment les jambages et presser les alèses pour bien les coller.

Retourner et poser la vasque sur le panneau en chêne, à 30 cm du côté. Tracer la demie-circonférence. Faire de même sur le second panneau pour obtenir deux pièces identiques.

recouvrement, cette surface en creux est garnie de carreaux brisés. La mosaïque est valorisée par des joints blancs. En finition, un ceinturage en chêne habille le contour du plan.

4 Les panneaux en chêne se découpent au moyen d'une scie sauteuse et se vissent sur le support en aggloméré. On intervient par le dessous, pour que les vis n'apparaissent pas.

5 Remplir la partie creuse avec les morceaux de carreaux, en plaçant ceux à bord droit autour de l'ouvrage. À l'aide d'un tasseau, contrôler fréquemment la planéité de l'ouvrage.

Reportage : © Photos Y. Robic.

Prévenir les taches

Il est préférable de traiter le recouvrement en chêne avec un vernis avant de réaliser la mosaïque. On évite ainsi de tacher le bois avec la colle au cours du travail.

Avec des restes

Pour réaliser une mosaïque en cassons, vous pouvez utiliser des carreaux de céramique ou de grès émaillé de n'importe quelle couleur, unis ou mélangés. L'essentiel est qu'ils soient de même épaisseur. L'épaisseur du chêne qui entoure l'ouvrage se choisit en conséquence, en tenant compte de la couche de colle, pour que l'ensemble se positionne au même niveau.

Les carreaux se cassent avec un marteau, sur l'envers, pour limiter les risques d'éclats d'émail. Ils doivent ensuite être triés en deux tas : l'un réunit des éléments à bord droit qui seront placés en périphérie de l'ouvrage, l'autre tas rassemble les morceaux à contour irrégulier.

Un puzzle à composer

Les morceaux de carreau se collent sur l'aggloméré avec un adhésif en pâte qui s'applique par petites surfaces. Commencez par les bordures, puis remplissez le vide en choisissant les pièces qui doivent s'imbriquer les unes dans les autres sans se toucher. Contrôlez souvent la planéité au moyen d'un tasseau que vous manipulez dans toutes les directions sur la mosaïque.

Le plan de toilette mosaïqué est assorti à l'entourage de la baignoire dont le tablier est revêtu des mêmes carreaux non brisés. © Photo Y. Robic.

Réalisé sur le même principe, le plan de toilette est revêtu ici d'un contreplaqué marine de 10 mm d'épaisseur protégé par 3 couches de lasure teintée. © Photo Y. Robic.

Des plans personnalisés

Pour qu'il s'accorde au mieux au décor ambiant, un plan de toilette peut revêtir des aspects multiples. Et dans ce domaine, l'imagination a la part belle.

Partant du principe que le plan de toilette doit être étanche, agréable de contact, facile à entretenir et décoratif, on peut opter pour une foule de matériaux qui répondent à ces exigences.

En bois de coffrage

Détourné de sa fonction initiale, le contreplaqué traité, mis en œuvre ici, sert initialement à réaliser des coffrages de béton. Il doit sa couleur au film phénolique dont il est protégé pour éviter l'adhérence du béton. Insensible aux projections d'eau et aux produits d'entretien courants, c'est un matériau de premier choix dans une salle de bains. Dans l'espace restreint d'une petite salle de bains, un compromis entre décor et gain de place est trouvé par la réalisation d'un plan de toilette de 35 cm de profondeur seulement. À l'emplacement de la vasque ronde de 35 cm de diamètre (Général Marine), une avancée portant la profondeur du plan à 60 cm permet d'encastrer le sanitaire et de l'utiliser dans de bonnes conditions.

Un matériau basique et surprenant par ses qualités esthétiques. Le traitement de surface lui confère une teinte chaleureuse. © Photo Y. Robic.

Esprit bord de mer

La table en iroko s'attribue un plan de toilette revêtu d'un verre trempé de 10 mm d'épaisseur, sous lequel un lit de sable emprunté à la plage s'anime de petits coquillages ramassés au fil des promenades. Le plateau

Ce décor naturel est la touche finale d'une ambiance marine que l'on souhaitait attribuer à cette salle de bains aux murs bleu horizon. © Photo Ph. Louzon.

est composé d'un aggloméré hydrofuge de 22 mm d'épaisseur, revêtu d'une plaque de polystyrène et de cette couche de sable séchée et stérilisée au four. En périphérie, celle-ci est retenue par un bandeau en iroko, et autour de la vasque par un cercle en aggloméré qui constituent ainsi les supports du verre.

Les matériaux détournés de leur fonction initiale, comme la tôle structurée, ont leur place dans une salle de bains que l'on souhaite personnaliser. © Photo D. Faure.

En tôle structurée

Les plans de toilette maçonnés sont revêtus de tôles embouties conçues à l'origine pour rendre les sols antidérapants. En 2 mm d'épaisseur, elles sont livrées en feuilles de 100 cm x 200 cm ou de 125 cm x 250 cm et se découpent avec une cisaille avant d'être collées avec une colle néoprène par double encollage.

En verre sablé

Il se distingue par sa teinte évoquant la mer des Caraïbes pour entretenir une part de rêve dans cette salle de bains où tout baigne dans un décor blanc immaculé. Dans ce plateau de 4 cm d'épaisseur au profil galbé à bord chanfreiné, la vasque en cuivre nickelé encastrée s'associe en beauté. Le plan est porté par une structure tubulaire.

D'une sobriété exceptionnelle, le verre peut adopter toutes les formes pour créer des plans de toilette adaptés aux décors contemporains. © Architecte V. Buglioni. Réalisation Cascade.

Ranger

À prévoir copieux pour certains, légers pour d'autres, fermés ou ouverts, c'est selon... De nombreux rangements sont possibles, tous styles confondus.

Dans une salle de bains, le linge propre ou en attente d'être lavé, la pharmacie, les accessoires de toilette prennent une place qu'il serait bon de ne pas sous-estimer sous peine d'encombrement ! Les meubles de toilette sont légion, ils multiplient les formes, les dimensions, les matériaux... L'éventail du choix permet à chacun de s'équiper selon des budgets très variables. Toutefois, d'autres formules méritent d'être étudiées pour échapper au standard et personnaliser ses rangements.

Ouverts ou fermés

Pour certains, les rangements ouverts simplifient l'organisation et permettent de disposer d'un « tout sous la main », le linge de toilette bien plié faisant partie du décor. Pour d'autres, la salle de bains demeure une pièce intime où tout doit être caché, et d'autres encore choisiront d'associer les deux formules dans un but à la fois pratique et esthétique, en mettant en valeur cette alternance.

Au cas par cas

Pour créer des rangements ouverts, rien n'est plus simple que de monter

Réalisée sur mesure, la structure maçonnée du meuble est plâtrée et cirée. Les portes de récupération, remises à dimensions et patinées, sont assorties en couleur à l'enduit à la chaux qui revêt le plan de toilette. © Réalisation V. Tripard. Photo P. Binet.

Ce meuble d'épicerie en pin s'équipe d'un plan de toilette en pierre. Une reconversion réussie pour offrir à la pièce une ambiance chaleureuse. © Photo H. Lagarde.

Monté en carreaux de plâtre hydrofuges peints, le meuble de toilette est décoré d'une surface carrelée soulignée d'une frise. Un exemple de simplicité convenant au décor ambiant.

© Photo C. Rouffio.

Une longue tablette placée sous le plan de toilette en chêne est destinée au linge courant. Des rangements fermés placés en hauteur, reçoivent ce qui sert occasionnellement.

© Photo A. Schneck.

des jambages en carreaux de plâtre hydrofuges et d'insérer entre eux des tablettes. En jouant sur l'épaisseur des jambages et sur celle des tablettes, on obtient des effets très différents, géométriques, graphiques, ou déstructurés. Ce type de montage offre toute liberté de dimensions.

Trouver le bon compromis

Les créations sur mesure n'interdisent pas d'adjoindre un ou deux meubles standard fermés. Le mobilier disponible dans le commerce est conçu pour des usages précis : armoire à linge sale avec panier basculant, petits rangements compartimentés adaptés aux produits de maquillage, ou à la pharmacie...

Des meubles détournés

Si l'on souhaite imprimer un style personnalisé, le recours à du mobilier destiné à d'autres pièces est intéressant. Transformer une table bureau ou une console exotique en plan vasque, équiper une commode d'un plateau en marbre surmonté d'un dosseret pour en faire une coiffeuse, ou transformer un garde-manger en meuble à linge...

Les niches ouvertes

L'économie que l'on fait en mettant en œuvre une structure maçonnée pour former des niches de rangement est réelle. Elle donne un coup de pouce pour investir dans le décor.

Les jambages en carreaux de plâtre composent quatre niches ouvertes de mêmes dimensions. De part et d'autre, deux niches fermées sont surmontées de structures maçonnées munies de tablettes en verre, plus légères visuellement. © Photo A. Rety.

Les matériaux permettant de construire des jambages doivent être hydrofuges. Vous avez le choix entre des carreaux de plâtre de 5 à 10 cm d'épaisseur ou en béton cellulaire. Ils se posent par emboîtement et collage, avec une colle adaptée. Les joints devront être décalés dans le sens vertical, le chant arrière des carreaux légèrement encastré dans le mur et collé. La répartition des jambages est fonction de la largeur des niches que l'on souhaite obtenir et de l'emplacement de la vasque

Parti pris graphique avec cette structure compartimentée de niches ouvertes et revêtue d'un plan de toilette en noyer. L'emplacement des jambages a été calculé en fonction de la dimension des paniers d'osier.

© Photo C. Erwin.

encastrée dans le plan de toilette qui vient en recouvrement.

Habiller les jambages

S'il est prévu de les carreler, mieux vaut choisir un format de carreau pouvant habiller les jambages sans contraindre à des coupes. Leur largeur sera légèrement supérieure à celle des jambages, de manière à couvrir la tranche des carreaux collés sur les côtés.

La peinture est une autre possibilité ; choisissez une qualité résistante à l'humidité et lessivable. Les alèses rapportées en bois ont aussi du charme pour semer une note de douceur. Tenez compte alors de la surépaisseur pour augmenter d'autant la largeur du plan de toilette si vous le souhaitez débordant.

Créer les étagères

Vous pouvez les envisager de la même épaisseur que les jambages, en les montant également en carreaux de plâtre hydrofuges ou en béton cellulaire. Étudiez attentivement à quel niveau vous les placerez pour obtenir un graphisme cohérent et pour pouvoir placer dessus ce que vous avez prévu. Le montage est définitif, vous devrez le conserver.

Alternance de rangements ouverts et fermés, courbes délicates pour une salle de bains chaleureuse décorée avec originalité. Les étagères sont en aggloméré hydrofuge revêtu d'une mosaïque en céramique.

© Architecte M. Barcillon, réalisation La Cour des Mosaïstes. Photo Ph. Louzon.

Du chic pour ce meuble de toilette simple et fonctionnel valorisé par un décor mural en carrelage.
© Photo Y. Robic.

L'élégance à petit prix

Une journée suffit pour réaliser ce meuble de toilette dont la conception sur mesure est libre d'interprétation.

Les matériaux basiques se résument à quelques carreaux de plâtre hydrofuges, à un plan de toilette en pin lamellé-collé et à un carrelage en deux tons.

Les jambages du meuble

Les carreaux de plâtre hydrofuges en 5 cm d'épaisseur sont insensibles aux projections d'eau. Leur format est standard, soit 66 cm x 50 cm. Ils se posent directement sur le sol, sans semelle intermédiaire, et s'empilent par emboîtement et collage car ils sont pourvus de rainures et de languettes. Les quatre jambages mis en œuvre mesurent 86 cm de hauteur et 50 cm de profondeur, ils sont constitués d'un carreau entier, et d'un morceau supplémentaire fixé au-dessus. À l'arrière, les jambages sont collés sur le mur, sans être encastrés. Leur répartition est étudiée en fonction de la vasque prévue au centre du plan de toilette.

Le plan de toilette

Choisi pour ses qualités, le lamellé-collé en pin maritime se présente sous la forme d'un panneau standard en 2 mètres de longueur, et 60 cm de largeur, d'une épaisseur de 28 mm. Il est protégé contre l'eau par deux couches de vernis polyuréthane appliqué sur le recto, sur le verso, et sur le chant de la découpe. Sur le mur du fond, il repose sur des tasseaux vissés de 20 cm x 30 mm de section, placés entre les jambages et à la même hauteur. Pour le stabiliser, un tasseau de liaison est vissé sur l'envers, à 60 cm d'une extrémité et sur le jambage.

Les aménagements

La vasque s'encastre au milieu du plan. À cet effet, celui-ci est découpé avec une scie sauteuse sur un tracé. On retourne la vasque pour en reporter le contour, mais on effectue la coupe en retrait de ce repère pour disposer d'un appui.

1 L'emplacement des jambages est tracé sur le mur et sur le sol, de même que celui des tasseaux muraux. La colle à carreaux se dépose abondamment sur les parties à fixer.

2 Après séchage de la colle, les jambages ont une tenue suffisante pour accepter le perçage des trous destinés aux chevilles et aux taquets vissés, devant supporter les tablettes.

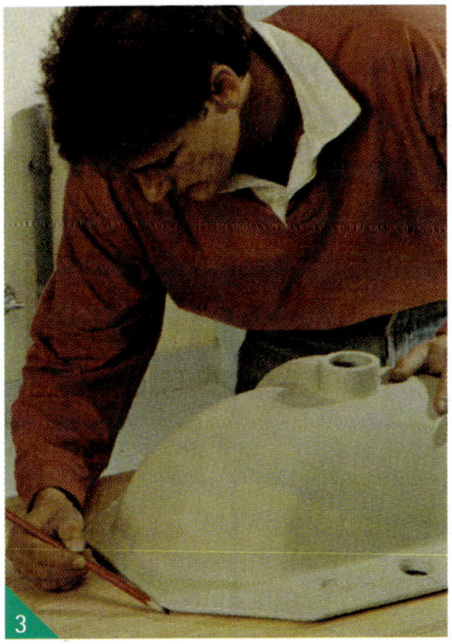

3 La vasque n'étant pas fournie avec un gabarit de coupe, on la retourne directement sur le plan pour en tracer le contour. La coupe s'effectue à quelques centimètres de distance.

Le plan placé sur les jambages repose à l'arrière, sur les tasseaux vissés dans le mur. Il comporte un tasseau perpendiculaire qui, fixé en dessous, est solidarisé au jambage.

Dans la tablette supérieure, on réalise 3 ouvertures de 9 cm de diamètre pour encastrer les spots. La scie sauteuse est équipée d'une lame bimétal qui évite les éclats.

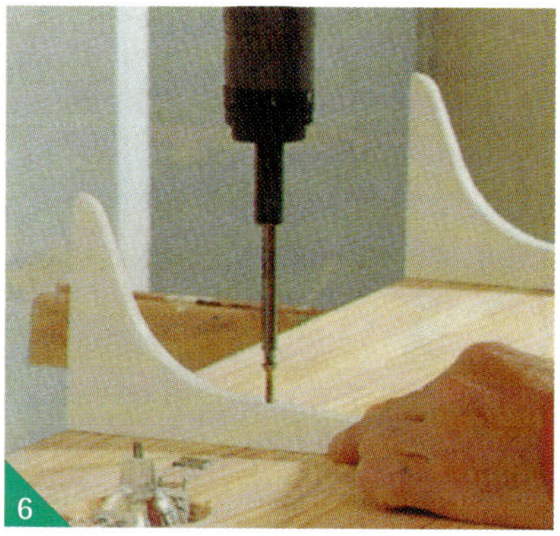

C'est au-dessus de la tablette que les équerres, réparties sur la longueur, sont vissées. La fixation murale par vissage s'effectue après avoir percé le support et logé les chevilles.

Le chant rainuré des carreaux de plâtre est rempli de colle pour permettre de fixer les listels en céramique choisis de largeur équivalente, en marouflant au maillet en caoutchouc.

Reportage : © Photos Y. Robic.

La colle à carrelage s'étale au peigne cranté sur le mur. Les carreaux y sont pressés d'après le calepinage établi. Le remplissage des joints s'effectue après séchage.

Deux colles différentes

Les carreaux de plâtre hydrofuges se collent avec une colle à plâtre (ou colle à carreaux) à gâcher dans une auge au moment de l'emploi. Pour le carrelage, choisissez un adhésif en pâte prêt à l'emploi et adapté au milieu humide.

Entre les jambages, des tablettes en bois verni reposent sur des taquets vissés après la mise en place de chevilles. En 18 mm d'épaisseur, elles mesurent 48 cm de profondeur pour s'inscrire en retrait de la structure.

Le meuble est éclairé par des spots en basse tension encastrés dans une tablette de 30 cm de largeur fixée sur le mur à 120 cm de distance du plan au moyen d'équerres qui sont placées au-dessus pour ne pas apparaître dans le décor.

Du carrelage sans excès

Derrière le plan de toilette, le mur est protégé par des carreaux de faïence sur 30 cm de hauteur. Ils associent un format carré posé en diagonale, et des triangles blancs achetés sous cette forme.

Les chants des jambages s'habillent de listels collés en céramique de 5 cm de largeur et 20 cm de longueur. Une peinture satinée bien couvrante revêt les carreaux de plâtre, sur lesquels on a d'abord appliqué une peinture d'impression.

Des éléments en colonne, qui s'achètent en kit, s'associent au plan de toilette en hêtre et à la grande étagère reliant les deux rangements. Un ensemble vite monté qui s'inscrit dans la tendance actuelle. © Photo Y. Robic.

La douceur du bois

Parce que le bois est un matériau chaleureux et apaisant, il est apprécié dans la salle de bains car il équilibre le décor en douceur.

À faire réaliser sur mesure, les rangements conçus en bois adoptent toutes les configurations dans des essences très variées. Ils créent des salles de bains uniques, souvent luxueuses, des pièces à vivre dont le caractère n'est jamais figé.

La plupart du temps, les rangements font partie d'un projet qui englobe le plan de toilette.

Charme et simplicité signent cet aménagement fonctionnel et économique conçu avec des éléments de récupération.

© Photo C. Rouffio.

Économiques

Plan de toilette et paroi de douche sont maçonnés et revêtus de carrelage. Pour organiser les rangements, place est donnée à la simplicité. Deux jambages en bois cloisonnent l'espace. Dans la niche centrale spacieuse et ouverte, le linge de toilette est à portée de main, posé sur une étagère réglable en hauteur. De part et d'autre, les niches comportent des tablettes en bois où l'on glisse des tiroirs récupérés dans un ancien atelier. Le porte-étiquette est conservé, de même que les ferrures rustiques fermant les caissons, pour justifier avec humour la présence de ces vieux bois ordinaires.

En décalage

Sous le plan de toilette en bois massif, des rangements fermés dissimulent le fond de la vasque et son dispositif d'écoulement ainsi qu'une étagère intégrée destinée à quelques objets. À ce niveau, le plan dessine une avancée, il atteint 65 cm de profondeur et offre une

En teck, le meuble de toilette est conçu dans un esprit gain de place, en jouant sur des profondeurs décalées.

© Architecte Ph. Dard, réalisation Atelier Richard Boyer. Photo Ph. Louzon.

surface spacieuse, confortable à l'usage. De part et d'autre, la largeur du plan se réduit à 40 cm, ce qui suffit pour poser des accessoires. En dessous, les étagères destinées au linge se contentent aisément de cette profondeur, qui réduit l'empiétement sur la pièce.

Exotique

La teinte foncée du bois verni s'oppose à la blancheur immaculée du décor. Les rangements sous le plan vasque se composent d'un espace ouvert sous lequel se superposent deux grands tiroirs. En complément, un meuble en hauteur alterne les casiers ouverts où s'exposent les objets de toilette réunis ou non dans des petits paniers tressés, et des tiroirs qui dissimulent ce que l'on souhaite retrancher du regard.

Une composition d'ensemble harmonieuse et graphique pour accorder la part belle aux rangements de cette salle de bains familiale. © Photo C. Larit.

Astucieux

Réalisé en teck, le meuble présente des façades en caillebotis. Au-dessus, le plan vasque en verre est rehaussé par quatre tubes en Inox fixés sur platines pour éviter l'encastrement des sanitaires et optimiser le volume intérieur. Les rangements se complètent d'une armoire murale à deux portes pivotantes également réalisées en caillebotis de teck.

Une conception astucieuse et gain de place qui associe le teck et le verre avec élégance.
© Conception et réalisation Télamon. Photo C. Larit.

Se meubler autrement

Recyclage, transformation, récup'... Laissez libre cours à votre imagination pour accueillir dans la salle de bains du mobilier détourné qui, sans friser l'insolite, vous plonge dans une ambiance singulière.

Le mobilier de toilette ancien s'offrait souvent des allures de salon. Portes moulurées, marbres de joli contour, bois naturel, dimensions parfois imposantes n'ôtaient rien à leur fonctionnalité. Ces meubles à tout faire s'inscrivaient en beauté dans le décor, semant autour d'eux une atmosphère toute féminine. Le mobilier contemporain a perdu ce caractère romantique qui, certes, n'est pas d'un goût universel. Si ce style vous séduit, et que vous trouvez en brocante la perle rare, osez la mettre en scène après les quelques retouches qui s'imposent.

Idéal pour installer une salle de bains de style rétro, ce meuble élégant et massif prend une importance majeure dans le décor. Le Bain Rose. © Photo C. Larit.

Mobilier d'époque

Datant des années 1900, ce meuble typique en chêne massif est équipé d'un marbre blanc sur lequel on posait broc et cuvette. Le plateau a été percé pour recevoir une vasque encastrée et répondre au confort actuel. Il est surmonté de deux tablettes en marbre fixées sur des joues élégamment profilées et s'équipe d'une robinetterie rétro dorée. Sur les portes, les moulures impriment leur style en accord avec les poignées bouton en bois.

Un pari audacieux pour reconvertir ce meuble de cuisine en meuble de toilette. Ses deux grands plateaux suffisent aux besoins de rangements. © Photo C. Erwin.

Une table d'office

Elle est passée de l'arrière-cuisine à la salle de bains pour démarrer une nouvelle vie en changeant de fonction. En chêne massif, elle a troqué son plateau d'origine contre un plan de toilette en pierre percé en deux points pour recevoir les vasques encastrées. Les paniers d'osier et le linge remplacent la batterie culinaire et les cagettes de fruits et légumes. Le décor ambiant est en phase avec ce meuble détourné de sa fonction initiale.

Mise en scène théâtrale

Le point de départ de cette composition est le miroir à volets ancien acheté chez un antiquaire. Le bois étant très ouvragé, le meuble de toilette devait s'y accorder pour conserver l'esprit du lieu. Il est réalisé sur mesure, à pans coupés, et revêtu d'un plateau en marbre. La porte, riche d'ornements, a été coupée à dimensions dans un paravent importé d'Asie (Pier Import) et montée sur un cadre en bois. La patine murale d'un rouge soutenu met en valeur la teinte foncée du bois.

À partir de deux éléments provenant de continents différents, le meuble de toilette et son miroir s'offrent en spectacle dans une ambiance de feu ! © Photo O. Hallot. (Tableau Dothy).

Aux portes de l'exotisme

Le mobilier asiatique suscite actuellement un engouement et s'inscrit dans toutes les pièces. Celui-ci n'a fait l'objet d'aucune transformation, il est livré en l'état, prêt à être équipé des sanitaires et de la robinetterie. En teck massif, il se présente comme un grand buffet sur pieds (la station debout n'en est que plus confortable) et s'anime de portes à petits barreaux surmontées d'un motif sculpté dans la masse.

Le mobilier de toilette de style asiatique est proposé par divers fabricants ou importateurs. Celui-ci est en teck massif (« Java » Maywood). © Conception B. Schreyner. Photo A. Rety.

Les sols

Traditionnels en carrelage, élégants en bois, fonctionnels en PVC, originaux en galets... Les sols de salle de bains apprivoisent des matériaux multiples.

Avec un carrelage correctement posé, les problèmes d'étanchéité sont réglés, mais ceux de l'isolation phonique sont parfois à résoudre. À l'inverse, le bois n'engendre ni bruits ni résonances, et l'étanchéité devient la préoccupation essentielle. Les revêtements en vinyle offrent la douceur sous les pas et leur succès se justifie pour leur confort à l'usage, ils sont résistants, silencieux, étanches, décoratifs...

Choisir un carrelage

Les carreaux de sol offrent une telle diversité qu'il n'est pas toujours aisé d'arrêter des choix. On peut cependant se fixer au départ sur un format, une épaisseur, un prix moyen au mètre carré, trois critères qui regroupent un panel déjà très riche.

Côté format, sachez que plus la salle de bains est petite, mieux lui conviennent des carreaux de grand format, à partir de 30 cm de côté. Des carreaux très durs à couper comme le grès ou les carreaux de ciment peuvent être choisis sans hésitation pour couvrir une surface n'offrant pas de multiples décro-

Le bois imprime un style marine dans une salle de bains lorsqu'il se présente sous la forme d'un parquet « pont de bateau ».

© Photo Ph. Louzon.

Le carrelage revêt de multiples aspects. Il se présente ici comme des lames de parquet vieilli posées en échelle.

© Photo J. Clapot.

Choisi en rouleau, un revêtement vinyle permet d'habiller le sol en limitant le plus possible les risques d'infiltration. © Photo Ph. Louzon.

Petits ou gros, les galets créent des sols originaux et non agressifs à la marche. Ils se présentent en modules. © Réalisation D. Mesmer et L. Finocci. Photo DR.

chements. L'élaboration d'un calepinage est essentielle pour déterminer un format, le sens de pose, répartir d'éventuelles coupes périphériques, ou envisager des associations de couleurs.

L'isolation acoustique

Dans certains cas, il est essentiel d'envisager une isolation acoustique sous le carrelage, d'une part pour conserver de bonnes relations avec ses voisins, d'autre part pour atténuer les résonances dans la pièce même. Différentes solutions existent, mais vous devrez tenir compte de la surépaisseur occasionnée par cette isolation pour limiter l'écart de niveaux entre la salle de bains et la pièce attenante.

Le bois

La solution la moins risquée consiste à choisir des essences tropicales. La plus courante est le teck (Tectona Grandis), mais d'autres bois possèdent des qualités similaires : l'iroko, le merbau, l'ipé, le jatoba, le sipo... Dans la salle de bains, l'utilisation du teck s'inspire de l'architecture navale, les parquets « pont de bateau » en représentent l'exemple le plus caractéristique.

Coller du carrelage sur un support en bois est possible à condition de réaliser une étanchéité et d'utiliser une colle souple. © Photo A. Duarte.

Poser du carrelage

La salle de bains est créée en étage sur un sol porteur en dalles de Triply. Avant d'y coller le carrelage, un système d'étanchéité est obligatoirement réalisé.

Pour supporter l'humidité, le sol est rendu parfaitement étanche. Le système met en œuvre des produits complémentaires (Desvres). Le support reçoit un primaire d'adhérence qui régularise sa porosité. Il est ensuite recouvert d'un enduit d'étanchéité. Tous les raccords entre les panneaux de Triply (Isoroy) et les jonctions aux cloisons sont traités avec des bandes d'armature noyées dans l'enduit.

Les phases du système

Prêt à l'emploi, sous forme liquide, le primaire d'adhérence (« Cermi-film ») s'étale au rouleau ou à la brosse en une couche par passes croisées sur le support propre, sain, sec et exempt de graisse. Le temps de séchage oscille entre deux et trois heures. L'enduit d'étanchéité en pâte (« Cermicryl ») s'applique d'abord à la brosse sur les raccords entre panneaux, en périphérie de la pièce, et à la base des cloisons pour y noyer les bandes d'armature (AR 12). Toute la surface du sol est ensuite traitée et les bandes recouvertes de cet enduit, en deux couches au minimum (1 mm d'épaisseur), en respectant un délai

Sur le plancher en Triply, le primaire d'adhérence sans solvant et prêt à l'emploi est étalé en passes croisées. Il régularise la porosité du support et le rend homogène.

Sur les raccords entre les panneaux et en périphérie de la pièce, les bandes d'armature tendues et marouflées du plat de la main sont noyées dans l'enduit d'étanchéité.

Pour former un film étanche épais, l'enduit s'étale à la brosse, en deux couches au minimum. Il recouvre intégralement le plancher ainsi que les bandes d'armature.

Les lames de parquet étant calées contre les parois, on encolle le sol au moyen d'un peigne cranté sur une surface qui correspond à quelques carreaux, sans aucun manque.

La colle s'étale également au dos des carreaux pour procéder au double encollage. Le peigne dépose la quantité requise sur toute la surface et sans créer de surépaisseur.

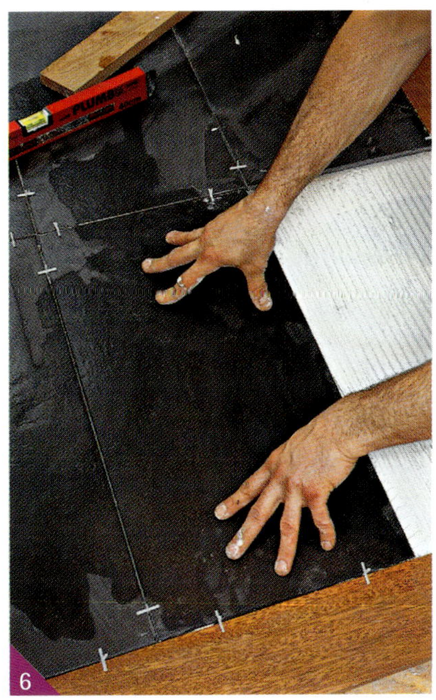

L'utilisation de croisillons est nécessaire pour régulariser la largeur des joints. Les carreaux sont pressés à la main dans la colle. S'il se produit des reflux, il faut les essuyer.

de trois à quatre heures entre elles. Le carrelage se colle au moins douze heures après, en veillant à marcher le moins possible sur cette préparation étanche.

Des choix réfléchis

Le grès cérame reproduit fidèlement la couleur et le relief de l'ardoise (« Ardesia Blue » Collection New Stone). La surface légèrement structurée rend les carreaux non glissants. Ils sont choisis en format rectangulaire de 30 cm x 60 cm, en 10 mm d'épaisseur, de manière à éviter les coupes et à laisser en périphérie de la pièce une marge de 90 mm environ destinée à créer un entourage en merbau massif. C'est avec les restes d'un parquet que celui-ci est réalisé.

Les lames chanfreinées ont 130 mm de largeur en 14 mm d'épaisseur. La différence d'épaisseur entre les deux éléments est compensée par leur mode de pose respectif : colle épaisse en double encollage pour le carrelage, et mastic-colle polyuréthane en cordon mince pour le bois. (SikaFlex Marine noir de Sika).

Le collage des carreaux

Une pose à blanc s'impose pour déterminer avec précision le positionnement des éléments. La largeur des joints doit être constante entre les carreaux, soit de 2 à 3 mm, l'équivalent entre le carrelage et le bois. En pied de cloisons, il faut prévoir un joint de dilatation de 4 à 5 mm.

Les lames de l'entourage, biseautées à 45°, sont ajustées en premier lieu et stabilisées à distance

7

Les carreaux se collent par rangées successives, en commençant par les bords et en progressant vers le centre de la pièce. Ils sont marouflés délicatement avec un maillet en caoutchouc.

8

La planéité de l'ouvrage est contrôlée au fur et à mesure, en posant un tasseau sur plusieurs carreaux. Si l'on constate des décalages, on les rétablit en frappant la cale avec le maillet.

9

Pendant que la colle sèche, les lames de parquet placées provisoirement restent en place. En revanche, il convient de retirer tous les croisillons avant la prise définitive de la colle.

10

Le mortier de joint se gâche dans une auge. Il s'étale avec une raclette en caoutchouc manipulée dans toutes les directions. Dès le début de la prise, le sol est nettoyé.

des parois avec des cales. Les carreaux sont ensuite placés et séparés par des croisillons. Ils se collent par double encollage, en évoluant des bords vers le centre de la pièce. Le jointoiement est fait 24 heures après le collage, au moyen d'un mortier souple (« Cermijoint Souple » de Desvres), indispensable, compte tenu de la nature du support qui est susceptible de bouger. On fixe les lames en bois en dernier lieu avec le mastic-colle polyuréthane. Entre les carreaux et les lames, on réalise le joint de mastic souple puis on termine par le joint périphérique qui, pour garantir l'étanchéité et absorber les jeux de dilatation entre les lames et les cloisons, est en élastomère.

11
À l'emplacement des lames de parquet, la colle s'applique en cordons directement sur l'enduit d'étanchéité, et impérativement dans le sens opposé à celui des lames.

12
Les croisillons sont remis en place avant de coller les lames. La planéité est contrôlée avec un niveau. La différence d'épaisseur entre le bois et les carreaux est compensée par la colle.

13
On colle un adhésif sur le raccord entre le bois et les carreaux, puis on le fend au cutter pour dégager le joint et le remplir du mastic souple extrudé au pistolet. Le surplus est arasé.

14
Au pied des cloisons, autour de la pièce, le mastic élastomère souple est appliqué en cordon continu. Il sert à absorber les jeux de dilatation naturels du bois sans se fissurer.

15
Dans une petite salle de bains, les carreaux en grand format sont toujours à privilégier. Pour éviter de répartir des chutes, le dallage est entouré de lames en merbau.

Reportage : © Photos A. Duarte.

L'isolation acoustique

Pour atténuer les bruits d'impact, le sol de la salle de bains doit bénéficier d'un système d'isolation sous le carrelage. Il s'impose pour votre confort autant que pour celui des voisins.

Il s'agit généralement de sous-couches acoustiques souples et plus ou moins fines qui se collent sur le sol et se recouvrent directement d'un carrelage, ou d'une chape fine sur laquelle le carrelage est collé. En rénovation, il est important de choisir un produit en tenant compte de l'épaisseur finie de l'ouvrage, pour réduire le plus possible la perte de volume.

Solution extra-fine

Composée de granulats de mousse polyuréthane agglomérés, la sous-couche « Recphone Caro » (Onduline) apporte une solution hautement performante pour une épaisseur minime (3 mm). Elle se présente en rouleau de 1 m x 10 m. Les lés se déroulent bord à bord sur le sol et se collent avec une colle à liant mixte incorporé (colle C2) qui sert également à poser le carrelage par double encollage. Cette sous-couche est compatible avec les sols chauffants.

Du fait de sa finesse, et de sa facilité de mise en œuvre, cette sous-couche convient à toutes les situations en rénovation comme en neuf. © Doc Onduline.

Un système complet

La sous-couche « Fermacoustic 2 » (Weber et Broutin) s'utilise impérativement en association avec les autres produits du système. Le support doit être plan, lisse et stable, ce qui nécessite généralement un ragréage autolissant. On le recouvre ensuite d'une couche de colle « Fermacoustic », à raison de 300 gr/m² environ, appliquée au rouleau. La sous-couche se déroule directement sur le support encollé. On doit ensuite coller une bande adhésive à la base des murs, en périphérie de la pièce, et des bandes de pontage, également adhésives, sur les raccords entre lés. La sous-couche est prête à recevoir une mini-chape de ragréage fibré et autolissant (Fermacoustic) étalé à la taloche flamande en Inox. Après séchage, le carrelage peut être posé avec un mortier-colle décliné en quatre versions dans la gamme, à choisir selon la nature du carrelage et selon sa pose, par simple ou par double encollage. Pour les joints, il convient de choisir du « Fermajoint Souple », produit faisant partie du système. Ce dernier n'est pas compatible avec un plancher chauffant.

Collées directement sur le sol, les dalles reçoivent le carrelage posé au mortier-colle, sans chape intermédiaire. © Doc Siplast.

Sans chape

Un autre système permettant d'insonoriser les planchers aux bruits d'impact sous le carrelage est le « Soukaro 3 R » (Siplast). Il se présente sous forme de kit associant la sous-couche « Soukaro » de 11 mm d'épaisseur, en dalles de 50 cm x 50 cm, un joint périphérique « Joint Mousse », la « Colle Sipryl » pour fixer les dalles, le mortier-colle « S2R » destiné à la pose du carrelage directement sur la sous-couche, sans chape intermédiaire, et le mortier de joint « Ultracolor ».

Des systèmes fiables

D'autres fabricants proposent des produits efficaces et hautement performants pour insonoriser les planchers aux bruits d'impact. Ils doivent répondre aux exigences de la nouvelle réglementation acoustique (NRA).

Une isolation sous le carrelage est indispensable pour préserver la tranquillité des voisins. Elle doit répondre aux exigences de la nouvelle réglementation acoustique. © Architecte A. Reychman. Photo Ph. Louzon.

Le bois exotique

Il se présente en lames individuelles, en frise réunissant plusieurs lames ou en panneaux à lames jointoyées en usine. La pose est obligatoirement collée.

Les parquets « pont de bateau » se caractérisent par des joints noirs ou blancs très visibles entre les lames. Ils sont réalisés avec un mastic polyuréthane garant d'une parfaite étanchéité.

Une pose soignée

Le parquet se pose sur n'importe quel support, pourvu que ce dernier soit sain et plan. Un sol irrégulier sera doublé de contreplaqué marine CTB pour rétablir la planéité. Le support reçoit un primaire nécessaire à l'accroche de la colle. Les lames individuelles se collent en plein, une à une, en décalant les joints transversaux d'une rangée à l'autre. On doit utiliser une pige permettant de régler un espace constant de 4 à 6 mm entre chaque lame, ce qui complique la tâche. Les lames qui comportent une feuillure latérale sont plus simples à mettre en œuvre : elles se posent

Le teck huilé posé dans le sens de la longueur habille également le tablier de baignoire pour assurer la continuité du décor. © Photo F.-L. Ducout.

jointives et ménagent l'espace requis pour réaliser les joints dans le fond des feuillures (Ets Charles). Les panneaux jointoyés en usine, livrés prêts à poser (Westwood), se présentent en divers formats, en 90 ou 100 mm d'épaisseur. Une fois collés, il reste à remplir les joints en périphérie et entre les panneaux. Enfin, les parquets en frise, qui se collent également en plein, présentent des lames emboîtées qui ne nécessitent pas de joints étanches.

La protection de surface

Un saturateur pour bois exotique, ou une huile pour parquet à base d'huile de teck, convient idéalement à ces revêtements. L'huile les protège des taches et leur évite une décoloration progressive au fil des années. Toutefois, c'est un traitement contraignant, à renouveler deux fois par an. L'huile s'applique au spalter, elle est aussitôt essuyée au chiffon, ce qui élimine le surplus et offre une protection homogène sans contrastes entre des zones mates et brillantes.

Le parquet s'éclaircit sous l'effet des joints d'étanchéité blancs. Il atténue l'effet massif du meuble de toilette conçu avec des portes en caillebotis.

© Réalisation Général Marine. Photo Y. Robic.

Une pose des lames en diagonale crée une animation supplémentaire dans cette salle de bains où le bois domine.

© Réalisation Imagine. Photo Y. Robic.

Une colle adaptée

Choisissez une colle polyuréthane (« Adhéflex Parquet » de Guttaterna) ou à base d'époxy et étanche à l'eau. Elle s'applique sur le sol en une couche régulière au moyen d'un peigne cranté, après avoir étalé un primaire qui renforce l'adhérence (« Sika Primer 215 » de Sika ou équivalent).

Le parquet classique

Nettement plus fragiles que le bois exotique, les essences courantes peuvent oser entrer dans la salle de bains. Des précautions s'imposent pour éviter les dégâts !

Il est vrai qu'un joli parquet ancien dans une salle de bains offre à celle-ci un cachet particulier. Son utilisation est à réserver aux parents, conscients des risques d'infiltration encourus. Gare aux projections d'eau…

Verni en surface, le parquet en pin qui revêt le sol de cette petite salle de bains niché sous les combles crée une ambiance chaleureuse. © Photo G. Defois.

Elle doit son style rétro au choix des sanitaires et au parquet d'origine, protégé en surface par un vernis polyuréthane brillant.

Un choix décoratif

Le bois est vulnérable à l'eau, il est donc impératif de le protéger, voire de l'enrober pour l'imperméabiliser. Dans les maisons anciennes, les parquets de salle de bains se justifient par une restructuration des volumes existants. Les grandes chambres ont cédé une partie de leur surface au profit d'une salle de bains qui n'existait pas... On monte une cloison, on installe une porte et le tour est joué. Le parquet de la chambre se prolonge dans la pièce voisine, c'est aussi simple que cela, mais peu fonctionnel. Quel charme pourtant !

Doux sous les pieds, élégants, ces vieux parquets peuvent être conservés à condition de les protéger en surface avec un vernis polyuréthane. C'est déjà ça.

Une protection plus sérieuse (et plus coûteuse) consisterait à le déposer pour vernir le dessous des lames et les chants et créer un support étanche.

Les revêtements en vinyle

Outre le confort que l'on ressent en marchant dessus, les revêtements en vinyle proposent des finitions multiples, allant des imitations classiques aux décors contemporains.

Faciles à vivre et confortables, les revêtements en vinyle de bonne qualité sont très résistants. Ils déclinent de multiples décors.
© Photo Ph. Louzon.

Pour une salle de bains, un revêtement en vinyle doit être choisi en fonction de son indice de résistance à l'eau.

Un revêtement bien étanche

Au moment de l'achat, renseignez-vous sur la résistance et la dureté du produit. Les vinyles sur mousse, plus souples que les compacts, sont aussi plus confortables à la marche et de bons absorbants acoustiques. Dans une pièce exposée à l'humidité, l'indice de résistance à l'eau doit être noté E2. Choisi en rouleau, le revêtement forme une excellente étanchéité, le nombre de raccords étant limité.

Une pose rapide

Les revêtements en vinyle ne sont pas des cache-misère. La qualité du support conditionne sa durée de vie et son aspect net à long terme car, quelle que soit sa qualité, sachez que le revêtement finit toujours par épouser les défauts du support. Celui-ci doit être sain, plan, sec et continu. Un ancien carrelage ou un vieux parquet seront obligatoirement ragréés. Pour coller un vinyle, on utilise une colle acrylique qui doit être dosée selon la qualité du revêtement. Cette donnée est toujours indiquée pour choisir un peigne à colle en conséquence.

L'entretien

Une serpillière et de l'eau additionnée d'un détergent doux suffisent à l'entretien courant.

1 Sur l'ancien sol, doublé d'un panneau en aggloméré hydrofuge, le revêtement se colle en deux temps. On le replie sur lui-même pour pouvoir étaler la colle.

2 Rabattu sur la colle, le revêtement est marouflé du centre vers le bord pour chasser les bulles d'air avec une chute de moquette roulée sur elle-même.

3 Le long du mur, on procède à l'arasement en marquant l'angle avec une spatule. Elle sert aussi à guider la lame, qui se dirige parallèlement à la spatule.

Périodiquement, vous pourrez appliquer une émulsion lustrante pour accentuer le brillant de surface. Les taches d'encre, stylo ou feutre, cirage ou traces de semelles s'enlèvent avec de l'alcool à 90°. Attention aux chaussures d'enfants qui drainent du sable, il risque d'endommager la surface.

Petits défauts, grands remèdes

Si des bulles d'air persistent, percez-les avec une seringue et injectez de la colle.

Posez un poids sur la cloque pendant 24 heures.

Si une lisière se soulève au niveau d'un raccord, recollez-la avec une colle néoprène.

4 Dans les angles saillants ou rentrants, le revêtement est assoupli au moyen d'un décapeur thermique pour mieux épouser coins et arêtes, en s'aidant d'une spatule.

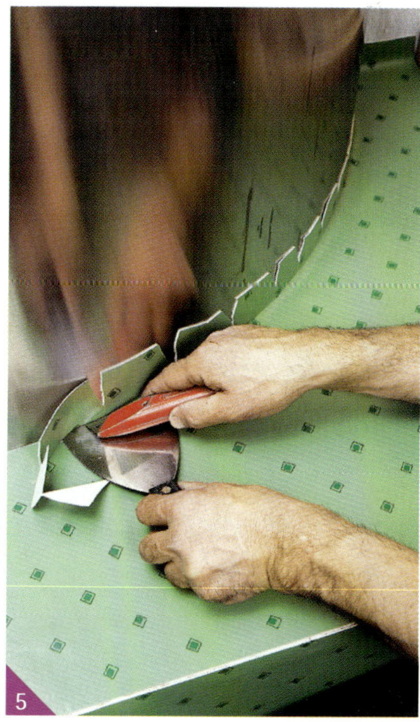

5 Pour épouser les arrondis, les remontées en plinthe sont crantées jusqu'à 1 cm au-dessus de l'angle. En tenant la spatule à plat, on procède aux coupes.

Bain et baignoire

La multitude des formes et des styles permet à toutes les salles de bains de disposer d'une baignoire. Reste à déterminer la meilleure place.

Les baignoires sur pieds reprennent du service. Autrefois en fonte, elles se fabriquent aujourd'hui le plus souvent en matériau de synthèse, ce qui simplifie grandement le transport et l'installation. Le décor qui accueille ce style de baignoire est souvent rétro, pour retrouver l'ambiance des salles de bains d'antan.

Les baignoires à habiller

Les modèles traditionnels s'habillent d'un tablier qui dissimule vérins stabilisateurs et tuyauterie. Ces tabliers sont proposés en option par certains fabricants, ou donnent lieu à des créations personnalisées permettant d'associer l'habillage au décor de la pièce. Outre le carrelage, le bois a toute sa place, avec toutefois des précautions indispensables : une trappe de visite, des joints étanches, une finition qui supporte l'épreuve de l'eau.

Placées en angle

De forme « diamant », ou arrondie, les baignoires d'angle sont ingénieuses pour libérer des surfaces

Dans cette pièce triangulaire, la baignoire a trouvé une place judicieuse. Installée sur un podium, elle s'intègre dans un coffrage en merbau entouré de plages et se présente telle une barque prête à prendre le large. © Architecte P. Bragnier. Photo A. Duarte.

Réalisée sur mesure, la baignoire en béton s'inscrit dans une tendance décorative zen dont murs et sol sont revêtus de dalles de béton lissé. © Réalisation Y. Rondineau, conception J. Rondineau, société VR. Photo A. Duarte.

Intégrée dans une structure en carreaux de plâtre hydrofuges carrelés, cette baignoire dispose de plages spacieuses et de marches d'accès qui facilitent l'enjambement. © Architecte C. Douniau. Photo Y. Robic.

Indépendante, décalée des parois, on y accède de tous les côtés à cette baignoire. Un mode d'installation qui se prête à certains modèles destinés à des salles de bains spacieuses. © Photo C. Erwin.

murales au profit de rangements ou de l'installation d'une douche. Elles permettent aussi de disposer d'une vaste plage qui s'étend jusqu'au fond de l'angle, pour recevoir les accessoires de toilette.

Disposées en épi

Si la place le permet, installer une baignoire en épi libère des surfaces murales. Généralement, elle s'entoure d'une plage spacieuse où s'asseoir et se détendre à la sortie du bain. Dans ce cas, l'ajout d'une marche d'accès facilite l'enjambement.

Les bains-douches

Si douche et baignoire ne peuvent s'associer, faute de place disponible, vous pouvez vous équiper d'une baignoire dont le profil particulier permet, d'un côté, de se doucher dans les meilleures conditions. Un écran de protection évite les éclaboussures, il est fixe ou rabattable selon la place disponible.

Le sur mesure

Une baignoire maçonnée adopte exactement formes et dimensions que l'on souhaite. Elle sera carrelée, comme une piscine, revêtue d'un enduit étanche ou d'un tadelakt... Toutefois, son poids élevé ne convient pas dans toutes les situations, en particulier, en étage !

En angle

Les baignoires d'angle arrondies sont généreuses et font gagner de la place ! Celles de forme hexagonale permettent des aménagements multiples.

Imaginer qu'une baignoire installée en angle encombre la salle de bains est une mauvaise idée ! Bien au contraire, elle fait vivre une salle de bains en rompant les agencements linéaires, et libère des parois au profit d'un radiateur, de rangements ou d'une douche.

Avec une plage intégrée

La baignoire dispose d'un angle droit qui épouse le coin de la pièce. Le devant dessine une courbe, plus ou moins proéminente, qui empiète en conséquence sur la pièce.

Généralement, ces baignoires en acrylique sont proposées avec un tablier de même coloris en option permettant de les habiller, une solution de facilité qui peut être remplacée par un décor personnalisé avec d'autres matériaux.

De forme hexagonale

On appelle aussi baignoire « diamant » les modèles à six côtés à installer en angle ou contre une paroi. Contrairement au modèle précédent, ce type de baignoire s'inscrit dans une structure maçonnée (en carreaux de plâtre

Sa forme symétrique dessine un arc de cercle. Spacieuse, la baignoire est habillée d'émaux de Briare pour s'accorder au décor mural. © Photo C. Braud.

De forme hexagonale, cette baignoire en acrylique repose sur une structure en carreaux de plâtre hydrofuges et s'entoure d'une plage en marbre. Son installation en angle a permis d'ajouter une douche. © Photo Y. Robic.

hydrofuges) revêtue classiquement de carrelage permettant de créer une plage reliant le sanitaire au coin de la pièce et de l'entourer.

Une installation fiable

Les modèles en acrylique, quelle que soit leur forme, nécessitent des appuis périphériques. Ils se réalisent avec des tasseaux muraux qui supportent la baignoire, afin d'éviter les tensions et les jeux susceptibles de détériorer les joints d'étanchéité à la liaison entre le sanitaire et les parois.

Il est aussi prudent de doubler ce joint. Le premier s'effectue sur les tasseaux au niveau des appuis de la baignoire, le second se réalise entre le carrelage et le bord du sanitaire, avec du mastic silicone antimoisissure.

À pans coupés

Les baignoires d'angle peuvent également s'encastrer dans une structure à pans coupés, version qui présente des avantages. Outre l'aspect esthétique résultant de cette mise en situation, la plage d'entourage est plus spacieuse et crée une surface d'assise utile dans la salle de bains.

On accède à cette baignoire d'angle asymétrique par une marche qui facilite l'enjambement. La robinetterie murale libère les plages. © Photo A. Rety.

Installée sur une dalle en pierre bleue du Hainaut, insérée entre les lames d'un parquet ancien en teck, cette baignoire évoque les baquets traditionnels du fait de sa forme évasée (Duravit) et est équipée d'une robinetterie dessinée par Stark (Hansgrohe).

Indépendantes

Les baignoires indépendantes conçues pour être placées à distance des parois rivalisent d'élégance. En version rétro, elles reproduisent les modèles d'antan.

Les matériaux de synthèse remplacent souvent la fonte traditionnelle pour ces modèles spacieux dont la cuve profonde invite au délassement. Elles se posent sur pieds ou sur socle et se dispensent parfois d'habillage en s'inscrivant dans la salle de bains comme pièce maîtresse. Pour les dissocier des parois, on les équipe d'une robinetterie particulière permettant des raccordements soit par le sol, soit par le mur à distance duquel on les installe. Présentés sous forme de kit, ces dispositifs s'associent au style de la baignoire, en version rétro ou contemporaine.

Dressée sur des pieds ouvragés, la baignoire en fonte est choisie dans une gamme de modèles anciens réédités (Porcher). L'alimentation par un kit de sol permet de la décaler du rampant. © Maître d'œuvre S. Gautier. Photo A. Duarte.

Posée sur un socle qui dissimule l'évacuation, la baignoire (Jacob Delafon) s'inscrit au cœur de la salle de bains et offre un accès de toute part. Elle libère les parois au profit de rangements. © Photo C. Erwin.

Les bains-douches

Douche et baignoire s'associent avec intelligence pour offrir deux fonctions lorsque la place disponible ne permet pas d'installer les sanitaires séparément.

Deux possibilités s'offrent à vous pour disposer d'une baignoire dans laquelle vous pourrez vous doucher dans de bonnes conditions de confort.

Les baignoires profilées

Elles disposent d'une zone élargie, soit ronde soit évasée, permettant de se doucher avec aisance sans se heurter à l'écran anti-projections qui s'installe autour de cette zone. Celui-ci épouse le profil de la baignoire, formant une paroi parfaitement étanche fixe ou mobile dont l'esthétique doit être soignée pour qu'elle s'inscrive avec discrétion dans la salle de bains. Il existe également des écrans complétés d'une porte coulissante qui, en fermant intégralement l'espace douche, autorise l'installation d'une colonne multijets.

Pivotant à 180°, en verre sécurité de 5 mm d'épaisseur, cet écran de H 140 cm x l 80 cm équipe les baignoires classiques. Modèle S.L.K. © Doc Lapeyre.

Double jeu pour cette cloison revêtue d'iroko d'un côté et de pâte de verre côté douche. Elle intègre un verre opaque qui laisse passer la lumière. © Photo A. Duarte.

Les écrans simples

Une baignoire classique peut s'équiper d'un écran latéral fixe, pivotant et rabattable, ou en deux parties dont l'une coulisse sur l'autre. Cette formule gain de place permet de disposer pleinement de la baignoire sans s'y sentir enfermé, ou de se doucher dans un relatif confort dans une zone à l'étroit.

Les parois opaques

Dans l'aménagement de la salle de bains, il est parfois judicieux de prévoir un pan de cloison en carreaux de plâtre hydrofuges à habiller de carrelage, ou en briques de verre d'au moins 80 cm de largeur, dressée contre la baignoire, à l'une des extrémités. Elle forme ainsi un renfoncement permettant de se doucher sans inonder la pièce. L'autre côté de la cloison constitue un adossement pour installer bidet, radiateur sèche-serviette ou cuvette de W.-C. C'est une formule fonctionnelle dans une petite salle de bains.

Côté baignoire, la cloison revêtue de pâte de verre permet de se doucher dans les meilleures conditions de confort. Elle intègre le dispositif d'arrivée d'eau et le mitigeur thermostatique (Jado). © Photo A. Duarte.

Habiller la baignoire

Le tablier a ses raisons ! Utile pour alléger les formes ou noyer la baignoire dans le décor ambiant, il sait aussi dissimuler de précieux rangements.

Les baignoires sur pieds de style rétro jouent sur leurs formes arrondies et se passent d'un habillage, car elles sont conçues pour être montrées. Il n'en est pas de même pour les modèles classiques qui prouvent leur élégance en tablier.

Rangements intégrés

L'habillage en chêne se compose de trois portes moulurées (H 30 cm x L 60 cm), montées sur un cadre fixe, conçu en plusieurs parties. Deux d'entre elles s'ouvrent sur des casiers, la troisième permet de « visiter » la tuyauterie. La profondeur des casiers est égale à la largeur de la plage qui entoure la baignoire, soit 20 cm. Un panneau de contreplaqué vissé sur des tasseaux forme le fond. Les portes viennent en applique sur un châssis fixe doté de montants intermédiaires. En partie basse, il est stabilisé par un tasseau de liaison, en haut sur un tasseau solidarisé à la plage. Tous les assemblages réalisés par collage et tourillons sont invisibles.

Deux casiers de 20 cm de profondeur représentent des rangements d'appoint non négligeables.

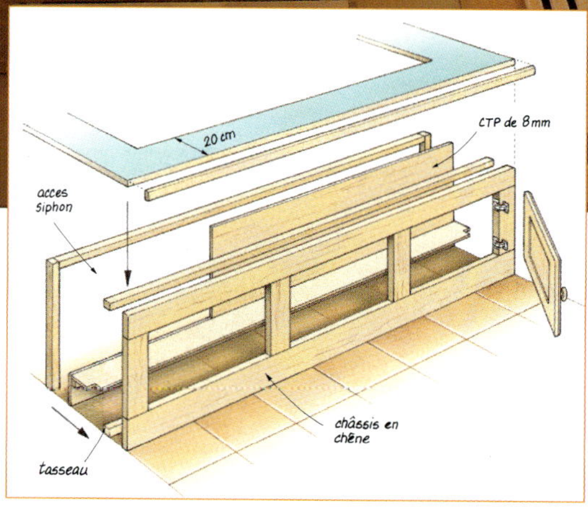

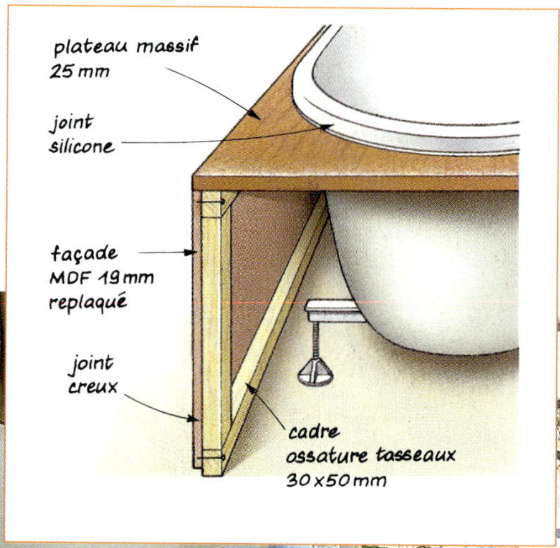

En cache-radiateur

D'une pierre deux coups avec ce claustra en iroko qui cache bien son jeu. Il dissimule le radiateur long et plat installé sous le rebord de la baignoire. Le panneau ajouré laisse passer la chaleur, il est inséré en biais dans une rainure réalisée sous la plage de la baignoire. En partie basse, il bute contre des aimants vissés dans le sol, les plaquettes métalliques étant fixées en vis-à-vis sur l'envers du panneau.

Le claustra se réalise sur mesure ou se découpe à dimensions dans un panneau standard.
© Architecte P. Bragnier. Photo Ph. Louzon.

Version grand chic

La baignoire est encastrée dans une structure habillée de bois précieux, construite sur un coffrage qui court sur toute la longueur de la pièce pour cacher la tuyauterie et faciliter l'enjambement. Le plateau supérieur, en bois massif (afrormosia) de 25 mm d'épaisseur, repose sur des panneaux en MDF hydrofuge revêtu d'un placage de même essence. Celui de face est amovible, des aimants le fixent en partie basse, et un loqueteau à pression en partie haute. Les autres façades sont fixes, et vissées sur une ossature en bois. Un détail esthétique : le joint creux à la base confère à l'ensemble un surplus d'élégance.

Cet habillage se fait aussi élégant qu'un meuble en bois précieux. Il enveloppe la baignoire avec raffinement. © Architecte T. Mazelier, Drôles de Trames. Réalisation Menuiserie Lacourt. Photo A. Duarte.

Un tablier en teck

Bloqué sous le rebord de la baignoire et rehaussé par des vérins, le tablier est composé de lames en teck collées sur un panneau d'aggloméré hydrofuge.

Le teck affirme sa présence en plusieurs points. Ainsi, meuble et plan de toilette s'harmonisent avec l'habillage de la baignoire pour répandre une atmosphère chaleureuse.

En lames individuelles

En bois massif, les lames existent en plusieurs longueurs, de 45 cm à 1,20 m, en 90 mm de largeur et 12 mm d'épaisseur. Huilées en usine, elles s'achètent conditionnées en pack d'1 m^2 associant des longueurs panachées (« Linéal

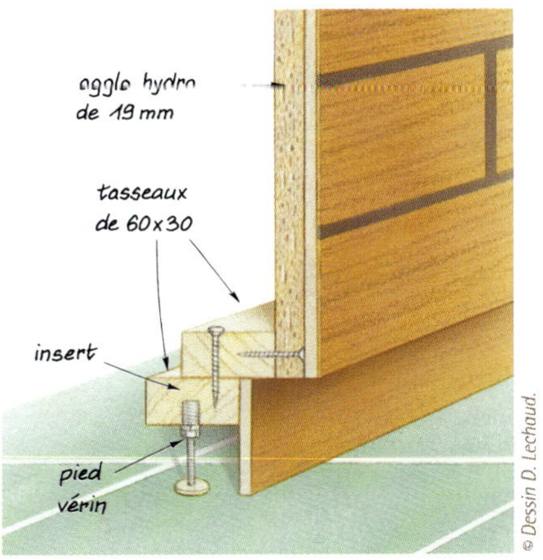

La plinthe en retrait allège l'habillage. Elle est démontable pour pouvoir accéder aux vérins et déposer le tablier si nécessaire. © Photo O. Perrot.

Les deux tasseaux, placés en décalage et vissés l'un sur l'autre, permettent de positionner les vérins en retrait du tablier. Ils seront cachés par la plinthe.

Une fois munie de ses vérins, la pièce de bois se fixe par vissage le long du bord inférieur du panneau en aggloméré hydrofuge.

Sur la surface du panneau retourné, la colle est étalée avec un peigne cranté à raison de 600 gr/m^2, sans surépaisseur ni manque.

La première lame collée est maintenue par des serre-joints. Les lames suivantes se collent en décalant les joints en utilisant des croisillons.

5 Sur les rubans adhésifs collés sur tous les raccords, on fait une incision franche pour dégager les intervalles.

6 Le mastic s'applique en cordon continu, il doit remplir intégralement les vides et déborder largement.

7 Les adhésifs sont dégagés tour à tour lorsque le mastic est sec. Il peut ensuite être arasé avec le couteau.

8 Bloqué sous le rebord de la baignoire, le tablier est réglé d'aplomb, puis les vérins sont bloqués.

Marine », Marty). Munies de rainures et de languettes, elles peuvent se poser de manière traditionnelle par collage et emboîtement, ou comme ici, à joints « pont de bateau », si l'on dispose du matériel requis : T de joints, cutter, ruban adhésif, couteau quart de lune, mastic à joint noir à base de polymère réticulant résistant à l'humidité en cartouche extrudable au pistolet, colle polyuréthane sans eau.

Le montage

Le tablier est constitué d'un panneau d'aggloméré hydrofuge (épaisseur 19 mm) qui est bloqué sous le rebord de la baignoire, en retrait de 5 mm et monté sur des vérins pour pouvoir disposer la plinthe en retrait. Pour y parvenir, une pièce est réalisée avec deux tasseaux (60 cm x 30 mm), assemblés en décalage de moitié. Sous le tasseau inférieur, deux trous (diamètre : 14 mm) sont percés pour loger les inserts permettant de visser les vérins. Une fois prête, la pièce est vissée le long du bord inférieur du panneau.

Le décor en teck

Les lames sont présentées à blanc de manière à répartir au mieux les joints verticaux, puis on inscrit un repère dessus pour reconstituer le montage au cours du collage. Sur l'aggloméré, la colle polyuréthane, étalée avec une spatule crantée, offre un temps ouvert d'une heure. Les lames se collent une à une, de bas en haut, en intercalant les T de joints pour créer des espacements fixes dans les deux sens.

Les joints noirs

La première étape consiste à coller du ruban adhésif à cheval sur les intervalles ménagés entre les lames, par les T des joints. Il est ensuite coupé au moyen d'un cutter pour dégager les fentes. Le mastic polymère s'applique avec le pistolet ; la cartouche dispose d'un embout particulier pour déposer le mastic en le faisant déborder du joint à raison de 50 % de son volume. Le temps de séchage est élevé (environ 96 heures), il faut ensuite retirer les adhésifs pour araser le mastic durci à l'aide du couteau quart de lune.

En médium hydrofuge

Les panneaux de fibres de moyenne densité ont leur place dans la salle de bains s'ils sont de qualité hydrofuge. Une protection vernie s'impose.

Économique et facile à travailler, le MDF s'utilise de plus en plus en décoration intérieure et la salle de bains n'échappe pas à cette tendance. (« Medium » d'Isoroy). Qu'il soit naturel ou teinté, sa texture uniforme et lisse empreinte au cuir son aspect élégant.

Sa résistance à l'épreuve du temps et de l'eau dépend du soin apporté à sa protection vernie. Les panneaux devront être enrobés d'un vernis polyuréthane, sans oublier tous les chants autour des découpes. Les joints d'étanchéité empêchent les infiltrations d'eau sournoise.

Le MDF protégé par un vernis polyuréthane affiche ici la beauté de sa texture. Dans la salle de bains, il doit être hydrofuge. © Architecte C. Remoadi. Photo Y. Robic.

Au cas par cas

Lorsque la surface manque, il est possible de se replier sur des solutions originales conçues autour du gain de place.

Ce coin toilette d'appoint est camouflé sous un habillage lambrissé qui s'intègre au décor de la chambre.
© Photo C. Erwin.

En deux mots, il convient de jouer serré. Et dans ce domaine, l'imagination est reine pour trouver les astuces d'implantation, faire un choix judicieux des sanitaires, redessiner l'espace existant, recourir à des options minimalistes.

Moins de 5 m²

Dans une surface atteignant à peine 5 m², une salle de bains peut prétendre être complète, c'est-à-dire bénéficier d'une douche, d'une baignoire et d'un plan vasque. Dans la gamme des sanitaires proposés sur le marché, vous choisirez des formats réduits sans pour autant tomber dans le lave-mains et la baignoire sabot ! Côté implantation, la douche peut s'inscrire dans un renfoncement de 80 cm de côté, le plan de toilette superposer l'extrémité de la baignoire ou se lover dans un angle de la pièce...

Lovée dans un angle, la baignoire est installée dans la partie la moins haute de la pièce. Les deux plans de toilette séparés en permettent l'accès. L'un est décalé du rampant pour offrir de la hauteur lorsque l'on se tient devant. © Photo C. Larit.

Sous les combles

L'inclinaison du rampant conditionne la disposition de la baignoire et celle du plan de toilette. On doit pouvoir se tenir debout devant la vasque, mais cette position n'est

Chambre et salle de bains se réunissent au profit d'un volume total optimisé. Seul un pan de cloison est conservé pour offrir un adossement à des rangements.

© Photo Ph. Louzon.

Installée sous le toit, cette petite salle de bains accorde une part importante aux rangements inscrits sous la panne intermédiaire. Le plan vasque s'adosse contre la cloison en vis-à-vis.

© Décor en zinc (Arzinc). Architecte T. Le Guay. Photo A. Duarte.

pas obligatoire dans la baignoire. Pour cette raison, le plan de toilette est soit perpendiculaire au rampant et intègre une vasque décalée vers le côté opposé, soit adossé à la cloison qui fait face à la pente du toit. La baignoire, en butée contre le rampant, s'installe en épi ou s'adosse à une cloison ; elle dispose dans ce cas d'une robinetterie murale. La partie inférieure du rampant est réservée aux rangements.

Ouverte sur la chambre

Au lieu de disposer d'une petite chambre et d'une salle de bains « mouchoir de poche » indépendantes, il est souvent préférable d'abattre la cloison qui sépare les deux pièces pour réunir salle de bains et chambre dans le même volume. Cet espace ouvert révèle une ampleur confortable et gagne en luminosité. Toutefois, cette formule interdit l'usage familial de la salle de bains, celle-ci étant attribuée aux occupants de la chambre.

Coin toilette en chambre

Autrefois, chaque chambre disposait de son lavabo et d'un paravent permettant de le cacher ! L'idée est à retenir, en version plus actuelle, pour compléter une salle de bains et éviter les bousculades aux heures de pointe !

Sous les combles

L'inclinaison du rampant détermine l'implantation et l'organisation de la salle de bains pour une utilisation dans des conditions de confort optimales.

Plus que la surface de la pièce, c'est la manière dont on dispose les éléments qui prime. Il ne saurait être question de se cogner la tête ni les coudes en utilisant la salle de bains.

La douche, installée dans la partie la plus haute, sous le rampant, disparaît derrière une cloison carrelée à l'intérieur, lambrissée à l'extérieur. L'accès libre et le plan vasque en angle taillé dans une bille de bois massif font gagner de la place. © Réalisation Jean-Pierre Conseil et P. Böhm. Photo C. Erwin.

Les hauteurs à respecter

Entre un receveur et le toit, 2,20 m de hauteur représentent un minimum pour profiter aisément de la douche. Celle-ci est donc décalée du rampant et placée soit en épi contre la paroi opposée, soit dans l'angle formé par deux cloisons. Dans ce cas, l'espace entre le rampant et la paroi latérale de la douche est utilisable en rangements. Des portes coulissantes n'empiètent pas sur le volume de la pièce.

En ce qui concerne le plan de toilette, prévoyez 2 m de hauteur entre le sol et le rampant au-dessus de la vasque. C'est le minimum requis pour se tenir confortablement devant le sanitaire. Si nécessaire, la vasque peut être décentrée sur le plan de toilette, laissant à disposition une surface horizontale plus spacieuse d'un côté que de l'autre. Un pan coupé suffit

Une implantation judicieuse des sanitaires permet d'utiliser la salle de bains dans les meilleures conditions de confort. La baignoire est placée perpendiculairement au rampant, le plan de toilette s'adosse contre la paroi opposée. © Architecte J. Le Cloerec. Photo Ph. Louzon.

souvent à dégager le passage, c'est une solution plus fonctionnelle qu'un plan de toilette étroit.

Le cloisonnement

Sous les combles, préférez des solutions de cloisonnement légères afin de ne pas surcharger le plancher, et si possible sans apport d'humidité. Vous avez le choix entre des panneaux de construction en polystyrène extrudé (type BA 10 de Wedi) ou des plaques de plâtre hydrofuges montées sur ossature métallique. Avec ce système, il est possible de disposer d'un caisson métallique intégré à la cloison, destiné à recevoir une porte coulissante pour gagner un maximum de place.

Où placer la baignoire

Comme on se tient assis ou allongé dans la baignoire, les contraintes d'installation liées à la hauteur sous rampant sont moindres que pour une douche ou un plan de toilette. Une disposition perpendiculaire au rampant est possible, soit en épi, soit contre une cloison qui lui sert d'adossement. L'installation parallèle au rampant implique de décaler la baignoire vers le centre de la pièce pour disposer d'une hauteur suffisante en entrant et en sortant. D'une manière générale, il est préférable de réserver la soupente à l'aménagement de petits rangements.

Le plan de toilette perpendiculaire au rampant dispose d'un bol vasque décalé vers le centre de la pièce. La douche est adossée à la cloison qui fait face au rampant, pour disposer également de la plus grande hauteur. © Photo Ph. Louzon.

Jumelée à la chambre

Une chambre et sa salle de bains réunies dans un même volume est une solution gain de place souvent préférée à deux petites pièces séparées.

L'aménagement des deux parties doit s'envisager simultanément, afin d'offrir un ensemble cohérent dans sa continuité. Pour que le côté salle de bains ne dépareille pas dans le décor de la chambre, il est conseillé de choisir des matériaux communs qui tempèrent la rupture entre les deux parties de la pièce.

Un revêtement de sol continu

Moins la rupture est affirmée, plus l'impression d'espace augmente. Le revêtement de sol est le premier concerné, il doit répondre aux exigences d'une salle de bains et promettre le confort dans la chambre. Vous pouvez orienter votre choix vers du jonc de mer imputrescible et décoratif, vers un revêtement stratifié convenant dans une pièce exposée à l'humidité, vers une terre cuite imperméabilisée, voire vers une moquette en dalles adaptée aux salles de bains. Ces matériaux chaleureux et polyvalents sont beaucoup plus agréables à vivre qu'un carrelage au contact froid.

Chambre et salle de bains bénéficient d'un décor mural commun et le sol en jonc de mer crée l'unité. Le mobilier en bois patiné est chaleureux dans cette pièce à double fonction animée d'un claustra qui ne coupe pas la perspective. © Photo Y. Robic.

Du bois omniprésent

Excellent régulateur d'humidité, le bois a sa place dans les deux parties de la pièce et offre une ambiance douce à vivre. Côté salle de bains, préférez des rangements en bois de type teck, sous forme de petits meubles, des étagères posées sur des consoles, un tablier de baignoire également en bois, sans oublier le plan de toilette. Les essences tropicales se comportent mieux que les autres en milieu humide.

Peu de carrelage

Dans les deux parties de la pièce, les murs peuvent bénéficier du même décor pour créer l'unité. Les enduits teintés tels que le tadelakt ou le marmorino supportent l'épreuve de l'eau et remplacent avantageusement un carrelage qui évoque malgré lui une ambiance « sanitaire » peu souhaitable dans une chambre-salle de bains.

Une séparation ponctuée

Si l'on souhaite établir une démarcation légère, le montage de claustras coulissants qui se superposent à l'ouverture constitue une formule esthétique.

Plus intimes, les cloisons japonaises, les panneaux habillés de tissu, les stores en bois tissé permettent de moduler l'espace. Et si nécessaire, un pan de cloison en carreaux de plâtre peut créer une paroi d'adossement pour placer un plan vasque ou des rangements.

La ventilation obligatoire

Il est indispensable d'envisager une ventilation performante pour préserver le confort à l'usage de la pièce. Bain ou douche dégagent de la vapeur, qui dégrade rapidement les lieux si la ventilation n'est pas assurée. Ouvrir les fenêtres n'est pas suffisant pour assainir l'air ambiant.

Pour conserver la perspective du volume, une cloison sépare les deux parties sans atteindre le plafond. Le passage central est libre pour accéder à l'espace salle de bains. Le décor à la chaux est commun aux deux parties pour préserver l'unité. © Réalisation Labo. M. Marie et J.-P. Simon. Photo P. Binet

En appoint

Disposer d'un point d'eau dans la chambre représente un confort non négligeable. Et quand le charme s'ajoute à l'aménagement, c'est un plaisir supplémentaire.

S'il s'avère impossible de créer une deuxième salle de bains, le recours aux points d'eau dans les chambres est un remède salvateur aux heures d'affluence. Le meuble vasque doit emprunter le style de la chambre pour s'intégrer au mieux dans un décor partagé.

Fonctionnel en iroko

Conçu et réalisé d'après les dimensions du plan vasque (Décotec) et celles des paniers en osier qui l'équipent, le meuble en iroko mesure L 105 cm x H 85 cm x P 58,5 cm. Dans leur majorité, les éléments sont assemblés par tourillons et collage ; les quatre pieds sont vissés dans l'épaisseur des étagères, composées de planches montées à claire-voie à l'intérieur d'un cadre.

Élégant et romantique, l'esprit campagne de ce meuble vasque s'accorde au style d'une chambre provinciale qu'il agrémente d'un nouveau confort. © Photo Y. Robic.

D'un encombrement minimum, le meuble vasque joue la déco. Fabriqué en MDF, son allure « Art déco » l'intègre aisément dans son environnement. © Photo Y. Robic.

Pour dissimuler les têtes de vis, les trous élargis et fraisés sont obturés avec des bouchons de bois (baguettes rondes arasées). Sans aucune fixation apparente, ce petit meuble élégant en bois exotique est protégé par un vernis mat.

Élégant en dégradé

Des panneaux en MDF de 19 mm d'épaisseur, assemblés en trois couches superposées, constituent la structure du meuble. Comme ils sont de dimensions différentes et dégressives de l'extérieur vers l'intérieur (pour les joues) et du dessus vers le dessous (pour le plateau), ils forment en façade un chant dégradé graphique dans l'esprit Art déco. Un dosseret protège le mur et reçoit la robinetterie murale qui alimente une vasque à demi encastrée. Deux étagères intérieures accueillent linge et accessoires de toilette. Le MDF est protégé par un vernis polyuréthane.

Tout en simplicité

Intégré dans une cabane en planches qui occupe un mètre carré au sol, le point d'eau est installé dans un angle. Le plan de toilette en chêne lamellé-collé de 26 mm d'épaisseur, est découpé en triangle, puis le bord avant est arrondi à la scie sauteuse. Il repose sur des tasseaux muraux et sur deux poteaux qui permettent également de fixer une tablette en dessous. Dans l'angle des deux murs, un panneau muni d'une tablette en chêne sert de support au miroir. Le bois est protégé par deux couches d'huile étalée au spalter et frottée au chiffon.

Dans une cabane « de jardin », se cache le cabinet de toilette agencé avec la plus grande simplicité. Conçu en chêne, il agrémente le confort de cette chambre et colle à son style. © Photo O. Perrot.

© Photo Y. Robic.

Dans cette chambre décorée d'un enduit décoratif chaleureux (Enduit Clément), le point d'eau a trouvé son coin et souligne le côté romantique de l'ensemble.
© Photo Y. Robic.

Style rétro

À côté de la cheminée, le renfoncement de petites largeurs et profondeur suffit à installer un lavabo ancien posé sur consoles. Un simple rideau froncé confectionné dans un drap ancien dissimule avec élégance le siphon et deux petites étagères posées sur des tasseaux. Au-dessus, une tablette autour de laquelle est fixée une frise en dentelle accentue le côté rétro de cet aménagement plein de charme.

Dans un mouchoir de poche

Aménagée dans un ancien dressing, la salle de bains a gagné un peu de surface sur la chambre attenante et sur le couloir pour s'offrir un équipement complet.

C'était un cagibi (150 cm x 160 cm) ! Difficile dans si peu d'espace de créer une salle de bains tout confort. En grignotant 75 cm sur la chambre, un petit coin a été aménagé pour les toilettes. Et en créant un renfoncement (80 cm x 77 cm) qui empiète sur le couloir, la baignoire a trouvé sa place. Elle s'y encastre à mi-longueur et permet de se doucher en toute quiétude dans ce renfoncement qui fait office de cabine. À l'opposé, l'espace restant entre le bout de la baignoire et le mur est aménagé en rangements avec doubles portes et tiroirs. Au-dessus, un plateau en teck compense les petites dimensions du plan vasque en quart de cercle installé en vis-à-vis dans l'angle, et sur lequel est posé le sanitaire.

Teck et carrelage

Réputé pour son élégance et sa résistance en milieu humide, le teck est omniprésent dans la pièce.

Ambiance exotique pour une salle de bains tout confort qui a su tirer parti d'une surface réduite. © Photo O. Perrot.

Le meuble de rangement et le pan de cloison qui le surmonte pour offrir un support latéral aux étagères en acrylique, le plan vasque, le tablier de baignoire en sont revêtus, sans oublier l'habillage du bâti-support permettant de suspendre la cuvette et d'intégrer le réservoir de chasse d'eau. C'est avec des lames de parquet de 12 mm d'épaisseur huilées en usine que les habillages sont réalisés (« Linéal Marine » chez Marty). Du carrelage vert tendre protège les murs autour de la baignoire et revêt le sol dans un format supérieur.

Appareiller le teck

Quelle que soit sa destination dans la salle de bains, le teck est collé sur un panneau d'aggloméré hydrofuge de 19 mm d'épaisseur avec une colle polyuréthane monocomposant étalée à la spatule crantée. Les joints entre les lames sont constants, en intercalant des cales en T au cours du collage. Ils sont ensuite comblés de mastic polymère appliqué au pistolet extrudeur.

Le pan de cloison

Entre la baignoire et le meuble de rangement, la cloison est formée de deux parements en teck prenant le panneau d'aggloméré hydrofuge en sandwich. Pour obtenir une fixation murale invisible, l'aggloméré est en retrait des parements qui viennent enrober un tasseau mural vissé et s'y coller. À l'opposé, le bout des lames est coupé en biseau, pour que l'alèse rapportée, également biseautée, se raccorde d'onglet.

1 La cloison est provisoirement placée d'aplomb pour permettre de repérer l'emplacement des étagères.

2 L'alèse rapportée sur le chant est collée. Elle doit être maintenue sous presse durant le séchage.

Le montage des étagères

Dans une pièce de petites dimensions, les détails comptent tout particulièrement.

Aussi, le choix des matériaux et des accessoires doit-il être judicieux, afin de séduire au premier coup d'œil sans s'imposer.

Des plaques en acrylique de 6 mm d'épaisseur, matériau transparent plus solide et économique que le verre, ont été choisies pour les étagères (« Lumidécor » d'Onduline). Sous le plan de toilette, elles sont fixées avec des pinces murales, utilisées habituellement pour les tablettes en verre (Adler).

Au-dessus du meuble de rangement, elles sont maintenues par des U en aluminium fixés dans les murs et dans la cloison en teck. Le chant avant en est également habillé.

Légères et solides, les tablettes en acrylique sont entourées d'une cornière en aluminium vissée dans les parois et collée sur le chant avant.

La cuvette suspendue

Ce bâti-support s'adapte à toutes les configurations (« Duofix II » de Geberit). Il est monté en applique avant d'être habillé de teck. Dans le renfoncement créé en gagnant sur la chambre, le bâti-support est positionné à 25 cm du mur pour pouvoir raccorder la cuvette à l'évacuation au sol. La distance entre le bâti-support et le mur étant supérieure au maximum autorisé par le système (soit 20 cm), le bâti est fixé sur un tasseau mural de compensation. Les pieds, orientables et réglables en hauteur jusqu'à 20 cm, sont ancrés dans le sol par des tire-fond. Tous les réglages d'aplomb s'effectuent par vissage et dévissage des systèmes fournis. Il reste ensuite à engager les tiges filetées, réglées à dimensions, dans les orifices prévus à cet effet de chaque côté de la cuvette et à bloquer le sanitaire en suspension avec des écrous.

Le pan de cloison conservé entre les toilettes et la salle de bains dissimule la cuvette et sert d'adossement au plan vasque.

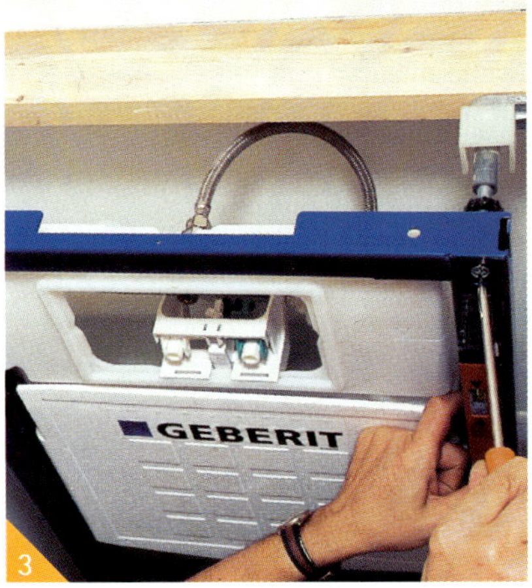

Le bâti-support se positionne parfaitement d'aplomb, en vissant ou en dévissant les différents systèmes de réglage.

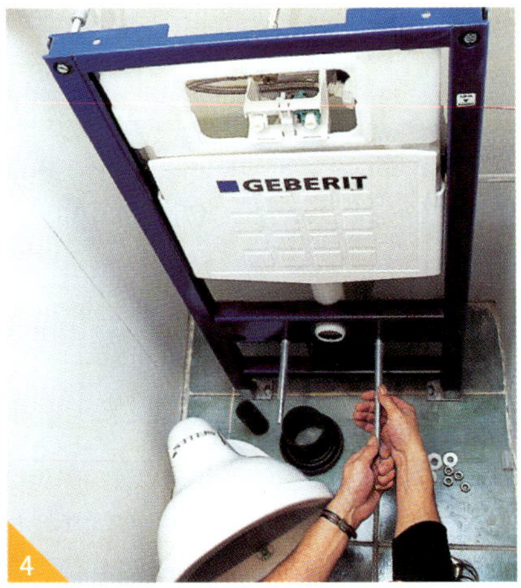

Les tiges filetées se règlent à dimension pour pouvoir traverser le panneau d'habillage et monter la cuvette. Rondelles et écrous assurent le blocage.

Le plan vasque

Il se présente en quart de cercle avec deux côtés inégaux (52 et 62 cm) et un bord arrondi dont le chant est habillé d'une bande en aluminium anodisé. Des tasseaux muraux permettent sa fixation murale. Le contour du plan est établi d'après un gabarit en contreplaqué de 5 mm d'épaisseur découpé à la scie sauteuse. Il s'est aussi révélé utile pour dessiner l'emplacement du bol vasque afin d'optimiser l'espace disponible sur le plan de toilette et de fixer au meilleur endroit le robinet rehaussé, équipé de flexibles de raccordement.

Élégant et gain de place, le plan de toilette s'équipe d'une barre porte-serviettes et d'une tablette transparente en acrylique.

5

Le gabarit se positionne sur le plan de toilette pour en dessiner le contour, en tenant compte des joints entre les lames.

6

Bien maintenu par des serre-joints sur un support stable, le contour du plan vasque se découpe à la scie sauteuse.

7

À travers le gabarit solidarisé au plan de toilette, les orifices de passage de la bonde et du robinet se découpent au moyen d'une scie cloche.

8

Le gabarit est dégagé pour permettre la fixation du robinet et le passage des flexibles de raccordement qui lui sont associés.

9

La bande d'aluminium qui habille le chant mesure 4 cm de largeur en 5 mm d'épaisseur. Elle est fixée par collage et vissage au moyen de vis à tête bombée.

16-18, rue de l'Amiral-Mouchez – 75686 Paris Cedex 14
Tél. : 01 45 65 48 48 – www.massin.fr

ISBN 2-7072-0515-X

Malgré le soin apporté à sa réalisation, cet ouvrage peut comprendre des erreurs
ou des omissions dont l'éditeur ne saurait être tenu pour responsable.
Nous remercions nos lecteurs de bien vouloir nous faire part
de leurs remarques éventuelles.

Nous adressons nos remerciements aux architectes, décorateurs et fabricants
grâce auxquels nous avons pu illustrer cet ouvrage.
Adresses disponibles sur demande aux Éditions Charles Massin.

CRÉDITS PHOTOGRAPHIQUES
Première de couverture : A. Duarte
Quatrième de couverture : Y. Robic
Page de titre : photo A. Duarte, architecte Santillane de Chanaleilles,
réalisation A. Batirenov
Sommaire : A. Duarte

CONCEPTION ET MISE EN PAGE
Atelier Gérard Finel, Paris

PHOTOGRAVURE
R.V. B. Éditions

Imprimé en France par IME – Baume-les-Dames (25)